# Das

# Hermesprotokoll

## von

## Stefan Sommer

# Inhalt:

# Aperitif

Wie kommt man dazu, für Hermes Pakete zuzustellen? Das ist eine gute Frage und sicherlich wird jeder Zusteller dazu eine andere Antwort geben, eine andere Geschichte erzählen. Aber den meisten Geschichten wird vermutlich gemein sein, dass ihnen gebrochene Lebensläufe zugrunde liegen. Seltener will ein Unternehmer ein weiteres Standbein aufbauen. Aber allen Wagemutigen ist das Scheitern vorprogrammiert. Die Gründe dafür werden in diesem Bericht ausführlich dargelegt und erörtert werden.

Im Wesentlichen werde ich mich dazu an meine eigenen Erlebnisse und Erfahrungen halten. Sie dienen dazu die Vorgänge um systematischen Betrug und Diebstahl zu veranschaulichen und deren Duldung durch eine Kaste korrupter Manager.

Trotzdem finden sich immer wieder Unternehmer, die einen Vertrag mit Hermes unterschreiben, um über kurz oder lang - eher über kurz – festzustellen, dass sie entweder aufgeben oder Dinge tun müssen, die der deutsche Gesetzgeber nicht vorgesehen hat.

Einige gaben auf.

Ich selbst hatte zu der Zeit, als ich begann für Hermes zu fahren, einen Auftraggeber, der seine Auftragnehmer quasi hätschelte und nach Kräften unterstützte. Allerdings entwickelte er sich nicht weiter und es fiel mir und meinen Kollegen zunehmend schwerer, einen auskömmlichen Lebensunterhalt zu verdienen. Und manch einer hat einen Partner zuhause, der ein Mitspracherecht einfordert.

Letztlich gab die schnelle Verfügbarkeit einer Tätigkeit den Ausschlag, die es erlaubte, auf legale Art und Weise Geld zu verdienen. Aber verdient man wirklich Geld mit dem Zustellen von Paketen?

# In Richtung Internethandel

Werden wir uns zunächst klar darüber, was passiert alles nachdem wir einen Auftrag bei einem der vielen Versandhäuser oder Interhändlern ausgelöst haben. Und warum gibt es sie eigentlich?

Nun: Der klassische Weg der Menschen, sich innerhalb einer arbeitsteiligen Gesellschaft mit den benötigten Dingen (Nahrung, Kleidung, Hausrat usw.) zu versorgen, ist der, zu einem Händler zu gehen und diese Dinge zu kaufen. Man geht also zu einem Bäcker und kauft Brot. Vorzugsweise in der Menge, die man verzehren kann, ohne dass Reste davon verderben. Gleiches gilt für Gemüse oder Fleisch bzw. Fleischwaren. Dabei nehmen der Bäcker, der Fleischer oder Metzger, in geringerem Maß sogar der Gemüsebauer eine Sonderstellung ein. Sie sind nämlich zugleich meist auch Handwerker, die aus völlig anderen Aus-gangsprodukten Waren herstellen. So kauft der

Bäcker Mehl ein, das er mit anderen Zutaten zu Teig vermischt und daraus Brot backt. Der Fleischer kauft ein Schwein, ein Rind oder Geflügel ein, um Wurst zu machen oder das Tier zerteilt für verschiedene Zubereitungsarten zu verkaufen. Der Schneider kauft Stoffe und Garne, näht daraus Kleidung, der Schuster Leder für die Schuhe, der Tischler Holz für Möbel. Die Liste ließe sich beliebig fortsetzen.

Was uns dieses Beispiel jedoch zeigt, ist Händler und Produzenten waren einst eine Person oder Familie. Der Bäcker backte das Brot, welches seine Frau auf dem Markt oder im Laden verkaufte. In der Kontinuität entwickelte ein enges Verhältnis zum Kunden. Der Kunde konnte direkt Einfluss auf die Produktion nehmen. Bestellte er mehr Brot, weil er Gäste erwartete, konnte sich der Bäcker darauf einstellen und statt aus einem Scheffel Mehl Teig aus zwei Scheffeln Mehl herstellen. Zudem war er für die Qualität seiner Waren und damit auch seinem geschäftlichen Erfolg selbst verantwortlich. War das Brot nicht schmackhaft genug, wanderte die Kundschaft mit an Sicherheit grenzender Wahrscheinlichkeit zur Konkurrenz an. Der Bäcker blieb auf seinen Waren sitzen.

Im Laufe der Zeit nahmen findige Händler, dem Handwerker Bäcker oder Metzger, auch dem Schneider oder Schuster, das schwierige und deshalb oft ungeliebte Gewerk des Verkaufs aus der Hand. Sie kauften einem Bäcker seine gesamten Backwaren ab und verkauften auf eigenes Risiko auf dem Markt. Der Bäcker nahm einen Preisabschlag hin, weil er keinen eigenen Vertrieb mehr unterhielt. Der Händler konnte unter

Umständen immense Margen realisieren, weil er Backwaren bei allen Bäckern einer Region aufkaufte und alle Menschen ohne eigenen Backofen ihr Brot bei einem Händler kaufen mussten. Das Monopol war geboren. Das ist allerdings eine Sache, die Händler gern verschweigen.

In einem nächsten Schritt erhöhten die Händler die Bequemlichkeit für den Kunden. Statt in einer Stadt oder einer Straße mehrere Läden besuchen zu müssen, gab es alles unter einem Dach zu kaufen. Natürlich hatte die Sache wieder Konsequenzen. Es gab plötzlich Bedarf nach Verpackungen, bestimmte Abpackungen wurden entwickelt. Drei Scheiben Aufschnitt. Fünfhundert Gramm Käse. Die Tüte Zucker zu einem Kilogramm. Konfektionsgrößen und vieles mehr. Statistiken mussten erstellt und ausgewertet werden, damit ausreichend Kleidung und Schuhe in passenden Größen produziert werden konnte. Gefallen musste es den Menschen jetzt nur noch. Aber dafür gibt es ja die Werbung.

Doch trotz dieser Zentralisierung und Monopolisierung bleibt ein wichtiger Aspekt. Die Fähigkeit der Menschen zur Konzentration auf Arbeit oder Einkauf ist begrenzt. Nicht umsonst ist eine Unterrichtsstunde in der Schule fünfundvierzig Minuten lang, in der Berufsausbildung und im Studium wird nach neunzig Minuten Pause gemacht. Handwerker erholen sich nach zwei oder zweieinhalb Stunden Arbeit. Das begrenzt die Größe der Einkaufstempel, ihre Fläche und damit auch die Menge der anbietbaren Waren. Lassen wir einmal alle psychologischen Tricks der Werbeprofis außer Acht. Auf einer Fläche von einem Quadratmeter kann einfach nur eine begrenzte Anzahl Brote ausgelegt werden. Riesige Hallen mit einem schier unbegrenzten Angebot an Waren sind nicht nur unübersichtlich; sie schrecken auch die meisten Menschen ab, so wie dichte Wälder ohne Wegweiser.

Aber auch hier fand die menschliche Kreativität Abhilfe. Das Versandhaus und seine Bibel. Den Katalog. Gewaltige Lagerhallen, in denen sich Waren jeglicher Art türmten, blieben den Adepten der Logistik vorbehalten. Otto-Normalverbraucher blätterte in hübsch bebilderten Heften aus Hochglanzpapier. Und zwar in der Warengruppe, die ihn interessierte und der Intensität, die er sich zumuten wollte. Hatte er seine Favoriten ausgewählt – nach Tagen, Wochen oder mitten in der Nacht – spielte keine Rolle, schrieb er eine Nummer in die Tabelle auf der Bestellkarte, schickte sie an das Versandhaus – das Ganze funktionierte natürlich auch per Telefon – und fleißige Lageristen stellten seine Order zusammen, die der Postbote schließlich an der Haustür ablieferte.

Zunächst entlasteten die Versandhäuser gestresste Hausfrauen oder -männer von den Mühen des Kleiderkaufes. Eine Anprobe im heimischen Wohnzimmer ist ja auch wesentlich angenehmer als in einer Umkleidekabine von zweifelhafter Sauberkeit, die zudem auch noch ständig durch hässliche Mitmenschen belegt ist. Bei Nichtgefallen oder Zwicken an der einen oder anderen Stelle schickt man das Kleidungsstück eben zurück. Neben Kleidung oder Möbeln, Küchengeräten wuchs die Palette auf Unterhaltungselektronik, Medien und Urlaubsreisen an. Noch viel bequemer wurde das Stöbern mit der Verbreitung des Internets. Suchbegriff eingeben, Angebote prüfen, vergleichen, bestellen, Paket an der Wohnungstür entgegennehmen, auspacken. Fertig.

Die Werbung suggeriert uns, durch das Internet bekäme jeder Marktteilnehmer den gleichen Zugang zum Markt. Die Realität sieht leider anders aus. Vergleichen sie einfach mal bei unterschiedlichen Suchbegriffen die ersten zehn Treffer in der Ergebnisliste.

Trotzdem ist es eine Frage der Bequemlichkeit. Natürlich wird ein guter Einzelhändler Ihnen als Kunden jeden Wunsch erfüllen wollen. Wir reden jetzt nicht von einem miserabel bezahlten Angestellten einer großen Handelskette. Wir reden über einen Verkäufer, der in seinem eigenen Geschäft steht und tatsächlich für seine Kunden da ist. Aber auch er wird zu seinem Computer gehen, nach der Ware recherchieren, sie auf Ihren Wunsch hin bestellen. Und er muss warten, bis er sie geliefert bekommt. Wenn ich nun nicht gerade das unbändige Verlangen verspüre, meine kostbare Freizeit in den Einkaufstempeln der Republik zu verbringen, werde ich angesichts der Alternativen sagen: Gut, recherchieren, bestellen und auf die Ware warten, kann ich auch bequem von meinem Wohnzimmer aus mit dem Tablet auf dem Schoß.

Das ist und bleibt der gewaltige Vorteil des Internethandels. Und das wird die Großen der Branche größer, reicher und gieriger machen.

# Postdienstleistungen

Betrachtet man die Geschichte der Postdienstleistungen, so springt der Name von Thurn und Taxis ins Auge. Ein lombardisches Adelsgeschlecht, welches im Auftrag Kaiser Maximilians das europäische Postwesen begründete. Bestand die Aufgabe des Postwesens zunächst in der Informationsverbreitung innerhalb der Königreiche und Fürstentümer, Anordnungen und Verfügungen der Herrscher an die regionalen Befehlshaber. Rückmeldungen an die Herrscher, so wandelte sich der Aufgabenbereich mit der Zeit. Auch Geschäfts- und Privatleute hatten und haben Nachrichten zu versenden, den Brief an die Liebste, Kauf- oder Verkaufsanweisungen an Geschäftspartner. Dazu kamen dann noch kleine und kleinste Sendungen. Die von Thurn und Taxis meisterten alles.

Über viele Jahre waren die Postdienstleistungen dann unter der Obhut einer Behörde, bevor ein Altkanzler das Monopol brach und Wettbewerber erlaubte. Ein Versandhauseigentümer nutzte die Gelegenheit und gründete ein eigenes Zustellunternehmen. Solche Leute haben für gewöhnlich eine ausgezeichnete betriebswirtschaftliche Ausbildung absolviert. Das ist im Allgemeinen ausreichend, Unternehmen zu gründen und zu leiten. Egal in welcher Sparte. Im Handwerk sieht die Sache etwas anders aus. Viele Gewerke fordern einen Meisterbrief. Warum?

Beispiel: Gas-Wasser-Installation/Heizungsbau

Die Ausbildung zum Meister in diesem Gewerk umfasst natürlich alle betriebswirtschaftlichen Aspekte der Arbeit, den Zeitaufwand für die Montage eines Heizkörpers, eines Waschtischs, eines Toilettenbeckens, eines Meter Rohrs, eines bestimmten Kalibers, dazugehöriger Verbindungsstücke usw. Wie soll sonst der Installations- und Heizungsbaumeister – nennen wir ihn – Röhrig, einen Kostenvoranschlag erstellen, der dem potentiellen Kunden ein plausibles Bild davon vermitteln soll, für wieviel Geld die zu erbringende Leistung marktüblich erbracht wird.

Kehren wir zurück zur Postdienstleistung.

Für wieviel Geld wird marktüblich ein Geburtstagspaket mit zehn Liter Volumen und zwei Kilogramm Gewicht von Berlin nach Erfurt transportiert und zugestellt? Die zweite Frage, genauso wichtig, ist: Eigene Mitarbeiter akquirieren oder Subunternehmer binden?

Gehen wir zunächst von einer Einzelleistung aus.

Meine Schwiegermutter hat Plätzchen gebacken. Meine Frau und ich sollen unseren Anteil bekommen, also werden zirka zwei Kilogramm Gesamtmasse in mehrere Schachteln aufgeteilt und in einen Karton verpackt. Nun kommt ein gemieteter Bote, nimmt das Paket in Empfang, um es zu mir zu bringen. Dafür verlangt er einen Betrag, der seinen Aufwand abdeckt. Anfahrt zu meinen Schwiegereltern, Fahrt von dort zu mir, Abgabe des Pakets beim Empfänger, nämlich mir, und Rückkehr zu seinem Wohnort. Das kann und will kein Mensch bezahlen. Deshalb werden die Leistungen gebündelt. Es gibt nämlich in diesem Zeitraum, sagen wir den zweiten Dienstag im November anno 2012, nicht nur ein Paket, das von Berlin nach Erfurt gesendet wird.

Postdienstleistungen bündeln diese Leistungen.

Und sie zerteilen sie in einfache, übersichtliche Teilleistungen.

Gehen wir zunächst einmal vom Paket mit den Plätzchen der Schwiegermutter aus. Das ist eine klassische Privatdienstleistung. Bündeln bedeutet in diesem Fall eine Sammelstelle zu der Otto-Normalverbraucher sein Paket trägt und abgibt. Das ist die erste Bündelung. Einmal am Tag wird diese Sammelstelle geleert. Die gesammelten Pakete beginnen dort ihren Weg zum Empfänger. Von der Sammelstelle geht es zu einem ersten Logistikzentrum, hier trifft das Paket noch am Abend des Abgabetages ein, findet eine erste Sortierung statt. Von allen regionalen

Sammelstellen werden die Pakete hierher geschafft und nach Logistikzentren sortiert. So werden innerhalb der folgenden Stunden die eingesammelten Pakete einem anderen Logistikzentrum als Ziel zugeordnet, verladen und per LKW dorthin gefahren. Dieser Teil der Postdienstleistungen fällt in Deutschland unter den Arbeitsbereich Güterkraftverkehr. Parallel dazu treffen aus anderen Logistikzentren Pakete ein, die dort für dieses Logistikzentrum sortiert wurden. Diese Sortierung muss bestenfalls so detailliert sein, dass die Paketzusteller danach direkt alle Pakete verladen können, die sie an diesem Tag zu dem Empfängern bringen sollen.

Ähnlich stellt sich die Sache bei Versandhäusern dar. Otto-Normalverbraucher hat per Internet, Telefon oder ganz Retro durch eine Postkarte einen Auftrag ausgelöst. Die Versandhausmitarbeiter verpacken die bestellte Ware, verladen sie und bringen sie per LKW in ein Logistikzentrum.

Das klingt in diesem Text grob vereinfacht, stellt aber das Prinzip unmissverständlich dar. Es gibt mehrere Teilschritte, die sich wohl am besten mit:

Abholung (Privatpaket) / Einschleusung (Versandhausbestellung)

Verteilung / Sortierung

Zustellung

beschreiben lassen. Die Frage, die sofort an dieser Stelle auftaucht, ist die: Wo fällt diese Teilleistung an und zu welchem Preis kann sie erbracht werden? Sowohl der Kunde, als auch das Versandhaus zahlen schließlich nur einen Fixbetrag für das einzelne Paket. Der Preis dieser Leistung ist heute eine grundsätzliche Frage zwischen Aufwand und Stundenlohn. Und gesetzlichen Vorgaben.

Der deutsche Staat hat mit seiner Exekutive und seiner Legislative zwei Organe geschaffen, die einander widersprechende Verfahrensweisen verknüpfen müssen und daran scheitern. Zwangsläufig scheitern müssen. Warum?

Das Paket gibt der Versender also ab, zu einem Stückpreis bei der Post, Hermes, DPD, GLS usw. Der Gesetzgeber verlangt jedoch einen Stundenlohn, den er im Mindestlohngesetz pekuniär festgelegt hat. Das hat erhebliche Auswirkungen auf die Branche.

# Paketzustellungen

Stellen wir uns nun die Frage, wann wird eigentlich das Entgelt, das der Kunde am Schalter in der Sammelstelle entrichtet, verdient? Und beantworten wir sie auch gleich: In dem Moment, wenn der Empfänger seine Sendung erhält.

Das bedeutet folgendes: Der Kunde gibt sein Päckchen in einem der bundesweit vierzehntausend Paketshops ab und bezahlt je nach Größe der Sendung sein Porto. Gehen wir in unserem Beispiel vom kleinsten Porto aus, einem Päckchen für 4,30 € und das Paket wird in Erfurt abgegeben und ist nach Berlin adressiert. Von diesem Preis erhält nun der annehmende Paketshop einen Anteil. Ein Anteil wird für den Transport vom Paketshop zum Logistikzentrum benötigt. Ein weiterer für die Sortierung. Im Logistikzentrumwird dieses Paket mit allen Paketen zugeordnet, die nach Berlin adressiert sind. Der nächste Anteil entfällt auf den Transport zum empfängernahen Logistikzentrum. Ein LKW transportiert die Pakete in das Berliner Logistikzentrum. Dort wird ein weiterer Anteil für eine erneute Sortierung fällig und schließlich der letzte Schritt direkt zum Empfänger. Der Paketbote übernimmt morgens die Pakete für seine Tour und stellt sie zu. Damit das ganze System wirtschaftlich ist, muss also eine entsprechende Menge umgesetzt werden. Aber wie wir aus der Preisliste ersehen können, sind 4,30 € das Porto für ein vergleichsweise kleines Paket, deren Anteil an der Gesamtanzahl der Sendungen meiner Erfahrung nach nur bei 20% liegt. Für 80% der Sendungsmenge fällt also mehr Porto an.

Hermes verkündet vollmundig Tag für Tag mehr als elftausend Paketzusteller im Einsatz zu haben. Das klingt gut und ist glatt gelogen. Denn wie jeder Unternehmer muss auch Hermes überlegen, welchen Bereich der Wertschöpfungskette decke ich selbst ab und welchen gebe ich ab, weil es andere besser können. Wenn sie also prüfen, wer von diesen elftausend Paketzustellern einen Arbeitsvertrag besitzt, der Hermes Germany GmbH als Arbeitgeber ausweist, werden sie feststellen, die wenigsten. Das Hermespersonal besteht im Wesentlichen aus sogenannten Managern, ein paar fest angestellten Lagerarbeitern und sehr wenigen Paketzustellern. Das ist meines Erachtens dem Umstand geschuldet, dass sich die Wertschöpfungskette dieses Unternehmens über unterschiedliche Branchen erstreckt. Neben den Postdienstleistungen umfasst das Geschäft auch

Lagerwirtschaft, Güterkraftverkehr und im Fall der Unternehmen, die für die Versandhäuser Möbel oder Geräte wie Herde, Waschmaschinen, Geschirrspüler montieren, auch Handwerksleistungen. Damit hat man im ungünstigsten Fall vier verschiedene Gewerkschaften bei Tarifverhandlungen am Tisch und einen feindseligen Betriebsrat im Haus, muss jede Menge Gesetzlichkeiten beachten. Postgesetz, Güterverkehrsgesetz und was uns die Bundesregierung noch so alles zu beachten auferlegt hat. Wer will das schon?

Kluge Unternehmer wissen nicht erst seit dem Neoliberalismus, dass man sich auf seine Kernkompetenzen konzentrieren muss. Vorausgesetzt man hat welche.

Für Hermes gilt in diesem Fall den Güterkraftverkehr zwischen den Logistikzentren an Tochtergesellschaften und freie Spediteure abzugeben und auch für die sogenannte letzte Meile, also den Weg von der letzten Sortierung zum Empfänger, vor allem Subunternehmer zu rekrutieren.

Nach Aussagen kompetenter Hermes Manager beträgt der Anteil der Kosten für die sogenannte letzte Meile 65% des Gesamtportos. Meine Fahrer übernehmen morgens ihre Pakete indem sie eine letzte Sortierung selbst machen. Nach einer abschließenden Kontrolle über die Vollständigkeit der Paketanzahl, verladen sie die Pakete und stellen sie schließlich dem Empfänger zu. Dafür bekommt mein Unternehmen 1,71€ je zugestelltem Paket. Nicht angetroffene Empfänger, falsche Adressen, durch den Empfänger verweigerte Annahme werden nicht bezahlt. Gehen wir wieder von unserem Kleinstpaket für 4,30€ aus, rechnen 1,71/4,3=0,39, stellen wir fest: Der Anteil am Porto liegt bei nicht ganz 40%. Diesem Mangel an simpelsten mathematischen Kenntnissen begegnet man unter Hermes Managern häufig.

Nach der allgemeinen Auffassung ist die Zustellung von Paketen oder Briefen eine Anlerntätigkeit. So wird sie bezahlt. So wird sie von vielen Menschen bewertet. Dabei war die Postdienstleistung noch vor wenigen Jahren eine absolute Vertrauensstellung. Die Mitarbeiter der Post genossen Beamtenprivilegien. Im Zeitalter neoliberalen Denkens ist für Privilegien bei Angestellten, die nicht Manager heißen, natürlich kein Platz. Jeder Dahergelaufene kann Pakete zustellen. Kann er das wirklich?

# Beginn bei Hermes
# Bei einem direkten
# Vertragspartner

Mein erster Kontakt mit Hermes fand als Vertragspartner der B&S Fahrschul GmbH statt. Der Neoliberalismus erlaubte den Abschluss von Verträgen, die zum einen das Verbot von Akkordlöhnen im Verkehrsgewerbe aushebelten, zum anderen suggerierten, dass mit der Gründung vieler Firmen (Gewerbeanmeldungen), ein massiver wirtschaftlicher Aufschwung im Gange sei. Tatsächlich versuchten jedoch viele Menschen einfach der unwürdigen Gängelei in Umschulungen und Arbeitsbeschaffungsmaßnahmen zu entgehen. So auch ich. Allerdings war der Vertrag mit der Firma B&S nicht mein einziger Vertrag, womit ich tatsächlich eine Ich-AG war, die auf mehreren Hochzeiten tanzte.

Der entscheidende Unterschied zur Post besteht in der Touren- und Tourenelemente-Codierung bei

Hermes. Jedes Paket erhält einen vierstelligen Code der Form xx – xx, also zum Beispiel 46 – 36. Dahinter verbergen sich eine definierte Anzahl Straßen in Städten oder Ortschaften. Will man nun Touren disponieren, muss man wissen, welche Straßen sich hinter einem Tourenelement verbergen und wie die jeweiligen Tourenelemente aneinander grenzen. Dann ist es ein leichtes, optimale Tourendispositionen zu erstellen (Anhang 1).

In den Bildern ist ein Beispiel für eine Tourendisposition dargestellt. Die Fahrer wissen natürlich, welche Straßen sich hinter welcher Codierung verbergen und können im Zweifel auch falsch codierte Pakete erkennen und aussortieren. Obwohl mancher, der Schnelligkeit wegen, nur auf die Codierung schaut. Gerade bei Migranten, die sich für den Beruf des Paketzustellers entschieden haben, kommt so etwas relativ häufig vor.

Das Paketzustellen kann eine zutiefst befriedigende Tätigkeit sein. Wir sind alle Menschen und leider nicht ausschließlich rational. Jeder ist auch emotional veranlagt und von Gefühlen wie Trauer, Wut, Hoffnung und Glück geplagt. Dinge, die nicht wie gewünscht funktionieren, können Frustration erzeugen. Jeden Tag ein voll beladenes Auto leeren, wirkt da ausgleichend, obwohl es mir nicht leicht gemacht wurde. Ich bin zwar Erfurter und in dieser Stadt aufgewachsen, aber in einer Stadt mit zweihunderttausend Einwohnern jede Straße und jede Hausnummer zu kennen, erfordert doch einige Übung und hat meinen Respekt vor Taxifahrer erheblich gesteigert. Zumal vor acht Jahren noch keine Navigationssystem wie heute zur Verfügung standen. Ich arbeitete viele Tage mit einem Stadtplan aus Papier auf den Knien.

Das lief ein Jahr relativ problemlos. Allerdings verschliss die Firma B&S innerhalb dieser Zeit mehrere Depotleiter. Ich traute mir inzwischen die Arbeit zu. Also bewarb ich mich und wurde auch als Depotleiter eingestellt. Zu diesem Zeitpunkt hieß das nichts weiter, als meine Selbständigkeit aufzugeben. Was allerdings zunächst wie ein Happyend aussah erwies sich als denkbar schlechte Idee. Der Inhaber der Firma B&S gedachte der neoliberalen Ideologie folgend, seine Leistungen so billig wie möglich einzukaufen, das hieß schlicht und ergreifend, mich als Fahrer zu bezahlen und die Depotleitung machen zu lassen.

Über Moral oder Unmoral dieses Verhaltens zu diskutieren ist allerdings nicht Inhalt dieses Berichtes. Schließlich ist es nur Resultat der Zwänge, die Hermes mit ihrem Verhalten den Nachauftragnehmern auferlegt. Zu diesem Zeitpunkt hatte ich jedenfalls noch nicht den Hauch einer Ahnung, welche Zauberkunststückchen Hermes betreibt, um die Kosten zu minimieren. Ohne sich auch nur einen Hauch um solch elementare Dinge wie Gesetzlichkeiten oder gar Strafrecht zu scheren. David Copperfield und seine Kollegen wären vor Neid erblasst und hätten ihre Shows wahrscheinlich sofort mit diesen Tricks aufzuwerten versucht.

# Fahren bei H., Aufbau der Firma als Subunternehmer

Ich musste mich nach meiner Entlassung bei B&S einer recht problematischen Operation unterziehen. Sie gelang und stellte mich zunächst wieder völlig her. Allerdings bestand nirgendwo Bedarf an einem Diplom-Ingenieur mit Erfahrungen in der Mitarbeiterführung. Die Firma Hennig hatte Bedarf. Allerdings nur als Subunternehmer. Erneut ging ich also ins Risiko und begann eine eigene Firma aufzubauen. Hilfreich war dabei die Philosophie der Firma Hennig, den Subunternehmern stets ausreichend Sendungen zur Verfügung zu stellen. Hennig kannte die Kalkulation und wusste um die Probleme.

Bevor wir nun die Hermes-Betrügereien entlarven, wollen wir noch einmal die Problematik verdeutlichen.

Der Subunternehmer wird nach zugestellten Paketen bezahlt, muss aber sein Personal nach Stunden bezahlen. Das Geschäftsrisiko wird vom Auftraggeber (Hermes) auf den Auftragnehmer übertragen. Das erscheint jedoch als lösbares Problem. Vorausgesetzt die Lademenge ist groß genug, die Rentabilitätsschwelle zu überschreiten. Ein Fahrer muss mehr als 95% der geladenen Sendungen zustellen. Ein guter Fahrer schafft das. Dabei ist mancher Fahrer nur auf bestimmten Touren gut, andere fast überall. Gute Fahrer wollen allerdings auch entsprechend entlohnt werden. Auch, wenn sie keinen deutschen Pass haben.

Seit ich vor sieben Jahren als Subunternehmer der Firma Hennig begonnen habe, Pakete zuzustellen, habe ich ungefähr fünfzig Mitarbeiter eingestellt, hatte jedoch nie mehr als zwanzig gleichzeitig unter Vertrag. Die meisten dieser Mitarbeiter waren Quereinsteiger, die durch die Agentur für Arbeit aufgefordert worden waren, sich bei entsprechenden Firmen zu bewerben. Viele Mitarbeiter haben die Zeit in meiner Firma genutzt, um sich nach besser bezahlten Arbeitsstellen umzusehen. Manche Mitarbeiter musste ich entlassen, weil sie meiner Meinung nach nie in der Lage gewesen wären, die Rentabilitätsschwelle zu erreichen. Damals fuhr ich selbst täglich eine vollständige Tour und schuf mir ein paar einfache Kontrollmechanismen, die mir helfen sollten, die Übersicht trotz der täglichen Belastung zu behalten.

Und die Sache schien zu funktionieren. Bis ich im Dezember 2015 als ich über den Zahlen aus dem Vormonat brütete **und** erstmals misstrauisch wurde. Die Zahlen der zugestellten Sendungen passten irgendwie nicht so richtig zu den Erlösen. Es war ein Gefühl. Nichts weiter. Und so lange alle Rechnungen bezahlt werden können, will man sich auch nicht verrückt machen. Zumal am Folgetag wieder viele, viele Pakete auf ihre Zustellung warten.

Darüber hinaus hat Hermes das eigene System in eine ziemlich unübersichtliche Anzahl von Sendungskategorien oder Paketkategorien unterteilt. Das hat sicher etwas mit den eigenen Erlösen zu tun, für ein Eilpaket verlangt Hermes einen höheren Preis von seinen Auftraggebern, aber für den Subunternehmer spielt das keine Rolle. Er bekommt für Eilpakete keinen Cent mehr, als für Standardpakete. Das führt zu ersten Reibereien, vor allem dann, wenn die geladene Paketmenge so groß war, dass sie nicht bewältig werden konnte. Eilpakete müssen bearbeitet werden, wird verlangt. Natürlich! Aber zu der Paketmenge, die am Abend ins Depot zurückgebracht wird, kommen die neuen Pakete vom nächsten Tag. Also wird ein Fahrer, sobald er merkt, die Paketmenge schafft er nicht, stets versuchen, so viel wie möglich zuzustellen, egal ob eilig oder nicht. Die nicht bearbeiteten Eilpakete werden dann kurz vor der Rückgabe im Depot noch bearbeitet. In der Regel als den Empfänger nicht angetroffen. Damit ist der Ärger mit Empfängern, die ihre Sendung akribisch via Internet verfolgen natürlich vorprogrammiert. Aber er ist auch nicht zu verhindern, denn um rentabel zu arbeiten, muss der Fahrer bei einem Subunternehmer stets an oder auch knapp über seiner Leistungsgrenze arbeiten. Diese wird durch den Zeitaufwand pro Paket und das Ladevolumens des Fahrzeugs festgelegt. Das bedeutet: bei einer Ladezeit von maximal neunzig Minuten verbleibt eine Nettoarbeitszeit von sechseinhalb Stunden. Kalkuliert man nun maximal drei Minuten für die Bearbeitung einer Zustellung Stopp genannt, kommt man auf maximal 130 Stopps pro Tour und Tag. Dabei kann ein Stopp mehrere Pakete beinhalten.

Schauen wir zunächst einmal welche Kosten ein Paketzusteller verursacht. Da ist zunächst einmal der Lohn, den der Fahrer bekommen soll. Die Bundesregierung hat einen Mindestlohn beschlossen, der im Moment, als dieser Text geschrieben wird, bei 9,50€/Stunde liegt. Hermes verlangt von seinen Vertragspartnern 10,15€/Stunde zu zahlen. Bleiben wir also dabei und stellen dem den Paketpreis gegenüber, den Hermes bereit ist zu bezahlen. Der liegt in meinem Fall zu Vertragsstart bei 1,65€/Standardpaket. Das bedeutet, der Empfänger hat das Paket erhalten und den Empfang quittiert. Kalkulieren wir einmal den Lohn (Tabelle 1).

| Kostenkalkulation | 3.470,00 € |
|---|---|
| Lohnkosten Basierend auf 173,4 | 1.640,00 € |

Arbeitsstunden je Monat bei 40
Stunden pro Woche folgt ein
Stundenlohn von 9,46€/Stunde

| | |
|---|---|
| Lohnnebenkosten Arbeitgeberanteil an den Sozialkassen ca. 20% | 330,00 € |
| Transporter Hermes bietet Miettransporter für ca. 30€/Tag an | 900,00 € |
| Kraftstoff | 500,00 € |
| Berufsgenossenschaft Beiträge für Körperschaften usw. | 100,00 € |

**Tabelle 1**

Die eingefügte Tabelle erhebt keinen Anspruch auf Vollständigkeit. Zudem sind die Zahlen sicher für jeden Unternehmer anders. Aber es geht um das Prinzip. Bei diesen 3.470€ sind noch keine Urlaubskosten und Unwägbarkeiten wie Krankheit berücksichtigt. Da muss durchaus mit einem Aufschlag von 10% gerechnet werden. Wir können also von rund 3800€ Kosten ausgehen, mit denen der Vertragspartner rechnen muss, noch bevor das erste Paket zugestellt wurde. Teilt man die Kosten nun durch die monatlichen Werktage und den erlösten Paketpreis, ergibt sich eine tägliche Zustellmenge an Paketen für die sogenannte schwarze Null. Da ist noch kein Cent Gewinn dabei. Wenn man nun berücksichtigt, dass ein Fahrer, selbst der beste, Empfänger nicht immer antrifft und gerade kein hilfsbereiter Nachbar zuhause ist, der als Ersatzempfänger auftritt, muss der Unternehmer zu dieser Zahl noch einmal 10% für die Rücklaufquote addieren. Da ist es schon hilfreich, wenn man Geschäftspartner findet, die Transporter für weniger Geld vermieten. Außerdem muss man beachten, dass die Paketzustellung an sechs Tagen pro Woche erfolgt, der Fahrer aber nur an fünf davon arbeitet. Das bedeutet für fünf Touren deren Stammfahrer ja nur 5 Tage pro Woche arbeiten, benötige ich einen sechsten Fahrer, der an jeweils einem Wochentag die anderen Touren abdeckt, denn die fünf Touren werden innerhalb von fünf Wochen dreißig Tage lang bedient. Dann gilt es auch noch den Urlaub abzudecken, denn auch an den Urlaubstagen eines Fahrers fallen ja Pakete in seiner Tour an.

Für die Rentabilität meiner Fahrer benötigte ich zunächst 112 Stopps. Das Fenster zwischen Rentabilität und Überlastung bei mehr als 130 Stopps pro Tag und Tour war also relativ schmal. Das galt auch für mich. Ich fuhr nämlich selbst Touren, weshalb ich stets versuchte aus den verfügbaren Daten die meisten Informationen herauszuholen. Dabei half mir ein Dokument, dem ich bisher wenig Aufmerksamkeit geschenkt hatte. Die Lademengen.

In meinem Vertrag stand, die Abrechnung erfolgt nach Sendungskategorien oder Abrechnungsklassen. Beide Begriffe sind innerhalb der Hermesnomenklatur gebräuchlich. Und natürlich stimmt jede Abrechnung, die der Unternehmer bekommt auf den Cent. Dort sind sauber die Anzahl der Pakete aufgelistet, die in der jeweiligen Sendungskategorie zugestellt wurden. Der Unternehmer bekommt auch eine Tagesaufstellung sofern er das möchte. Dann kann er die jeweiligen Tageswerte aufaddieren und wird feststellen: Alles transparent. Alles stimmt.

**Eben nicht!**

Niemand beachtet noch die Lademengen. Darauf wird nirgendwo mehr Bezug genommen. Der Unternehmer bzw. sein Fahrer bekommt im Verlauf einer Tour vier Dokumente in die Hand:

1. Orientierungsliste - darauf sind alle Adressen verzeichnet, die der Fahrer anzufahren hat, die Barcodenummer der Sendung und der jeweilige Absender (Anhang 2)

2. Lademengen - darauf sind alle Sendungskategorien verzeichnet, die der Fahrer geladen hat, Standardsendungen Anzahl, Eilsendungen Anzahl, Abholaufträge Anzahl usw. (Anhang 3)

3. Empfangsquittung - die bekommt der Fahrer nach der Beendigung der Tour und dem erfolgten Rücklauf. Darauf sind keine Sendungskategorien verzeichnet, sondern die Unterteilung erfolgt nach Paket, Sperrgut, Hängekonfektion usw. (Anhang 4)

4. Tagesauswertung - die bekommt der Unternehmer auf Wunsch und kann daraus entnehmen, wieviel Sendungen Hermes in der jeweiligen Sendungskategorie für diese Tour an diesem Tag vergütet (Anhang 5)

Interessant ist dann der Vergleich der Lademengen mit den abgerechneten Mengen. Hier klaffen teils erhebliche Lücken. Die gelb hinterlegten Felder betreffen Touren in Weimar (Tabelle 2).

Fahrer:     Manuela Hofmann

Ladeliste

| Datum | Kategorie | Anzahl | Abrechnung | | Rückläufer | Differenz |
|---|---|---|---|---|---|---|
| 08.01.2018 | 100 | 67 | 28 | -39 | | -39 |
| 09.01.2018 | 100 | 43 | 9 | -34 | | -35 |
| | 102 | 3 | 3 | 0 | | |
| | 113 | 1 | | -1 | | |
| 10.01.2018 | 100 | 64 | 11 | -53 | 1 | -55 |
| | 101 | 2 | | -2 | | |
| 11.01.2018 | 100 | 59 | 21 | -38 | | -39 |
| | 101 | 1 | 1 | 0 | | |
| | 113 | 1 | | -1 | | |
| 12.01.2018 | 100 | 47 | 12 | -35 | | -35 |
| 15.01.2018 | 100 | 77 | 27 | -50 | | -51 |
| | 118 | 1 | | -1 | | |
| 17.01.2018 | 100 | 78 | 47 | -31 | | -31 |
| 18.01.2018 | 100 | 49 | 19 | -30 | | -30 |
| 19.01.2018 | 100 | 42 | 10 | -32 | | -33 |
| | 101 | 2 | 1 | -1 | | |
| | | | | | | -348 |

Fahrer:     Stefan Sommer

Ladeliste

| Datum | Kategorie | Anzahl | Abrechnung | | Rückläufer | Differenz |
|---|---|---|---|---|---|---|
| 02.01.2018 | 100 | 27 | 2 | -25 | | -25 |
| | 101 | 1 | | -1 | | -1 |
| | 102 | 1 | 1 | 0 | | 0 |
| | 107 | 1 | 1 | 0 | | 0 |
| 05.01.2018 | 100 | 36 | 11 | -25 | 1 | -24 |
| 09.01.2018 | 100 | 18 | | -18 | | -18 |
| 11.01.2018 | 100 | 25 | 3 | -22 | 1 | -21 |
| | 113 | 1 | | -1 | | -1 |
| | | | | | | -90 |

Allein im Zeitraum vom 01.01.2018 bis 20.01.2018 klaffen also Lücken von insgesamt 438 unberechneten Sendungen und das nur bei zwei Fahrern. Ich entschloss mich den Aufwand zu betreiben und die gesamten Unterlagen vom Januar 2015 an zu durchforsten. Für einen nicht unerheblichen Teil der Touren besaß ich keine Ladelisten. Die Fahrer hatten sie einfach mit den Orientierungslisten zurückgegeben, wo sie durch den Depotbetreiber bzw. Hermes entsorgt wurden. Es wird nichts aufbewahrt. Dieser Satz wurde heruntergebetet wie ein Mantra. Aber ich hatte ja die Daten aus den Empfangsquittungen tagtäglich und Tour für Tour in eine Tabelle übertragen. Vielleicht ließ sich damit etwas anfangen. Zunächst einmal glich ich die Tage ab, für die ich Ladelisten besaß. Danach verglich ich für die Tage und Touren bei denen die Ladelisten fehlten die Summe der abgerechneten Zustellsendungen mit den zugestellten Sendungen, die ja mehrere Sendungskategorien enthalten konnten.

Die Summe der nicht berechneten Pakete war für den Zeitraum recht erheblich. Dabei sind in dieser Tabelle nur die Fahrer berücksichtigt, die Touren in Erfurt fuhren. Seit Juni 2016 bedienten wir auch Touren in Weimar.

**5357 nicht berechnete Pakete wurden für diese Touren ermittelt!**

Natürlich wollte ich den entstandenen Schaden geltend machen. Allerdings wurde mit erheblichem

Medienaufwand im Herbst 2017 ein Subunternehmer, der ausschließlich rumänische und moldawische Paketzusteller rekrutierte als mutmaßlicher Schwarzarbeiter angeklagt, das war das Ende des Depotbetreibers Hennig. Mit dem 20.01.2018 endete die Zusammenarbeit. Die Firma Hennig meldete Konkurs an. Ich hätte mich in der Reihe der Gläubiger anstellen können, ohne Hoffnung auf Erstattung des Schadens. Das ließ ich sein, zumal ich den Verdacht hegte, dass die Firma Henning nichts weiter getan hatte, als die Abrechnungen von Hermes weiterzureichen.

# Vertriebspartner Nach der Pleite von H.: Nun als direkter Vertragspartner bei Hermes Germany GmbH

So begann also am 22.01.2018 mein Leben als Vertriebspartner der Hermes Germany GmbH in der Niederlassung Erfurt. Ich habe damals drei Touren in Weimar vertraglich vereinbart und mit zehn Fahrern abgedeckt.

Die erste Frage, die ich stellte, stellen musste, war die nach den Ladelisten. Die Antwort darauf, barsch und den Eindruck vermittelnd, ich wäre ein überführter Mörder oder Kinderschänder, war: Gibt es nicht! Ach so?! Das brachte meine inzwischen recht weit fortgeschrittenen

Ermittlungen zunächst zum Stillstand. Erster Punkt auf der Liste.

Von meinen zehn Mitarbeitern hatte die Hälfte nur in Erfurt und Umgebung Pakete zugestellt. Nun mussten sie sich auf Weimar und die Umgebung der Stadt einstellen. Das gelang nicht allen. Obwohl ich auch heute noch der Meinung bin: Es lag nicht am Können. In den letzten Tagen der Firma Hennig wechselten drei Fahrer aus meiner Mannschaft zu Hennig. Drei kamen zu mir. Es war ein Mix aus Mitarbeitern entstanden, die bereits länger als ich für Hermes Pakete zustellten und Mitarbeitern, die ich selbst ausgebildet hatte. Sie fuhren morgens von Weimar oder Erfurt aus nach Wandersleben, die Tour zu laden, von dort nach Weimar, die Pakete zuzustellen. Die Einteilung der Touren übernahm der jeweils diensthabende Disponent.

Da ich bereits in Erfurt für das Depot Touren disponiert hatte, kannte ich die Problematik, war mir jedoch noch nicht sicher, wie ich die Touren in Weimar aufbauen musste. Die Stadt war mir schlicht noch zu unbekannt. Ich fuhr also selbst mit und vervollständigte mein Wissen über die Stadt, das ich **mir** bereits seit Juni 2016 anzueignen begonnen hatte, als meine Firma einen Teil des Stadtgebietes Weimars zu bedienen. Der damalige Disponent war ein geborener Weimarer, der in der Stadt jeden Winkel kannte, wusste, welche Straße führt wohin, sind die Nebenstraßen vielleicht Einbahnstraßen und wenn ja, führen sie zu dieser Straße hin oder weg. Wozu man das alles braucht? Wie der Name schon sagt, wird der Zusteller für das Zustellen der Pakete bezahlt, nicht etwa für das Umherfahren in Städten oder Dörfern. Das sollte ein guter Disponent verinnerlicht haben. In Wandersleben gab es also Morgen für Morgen lautstarke Klagen über Sinn und Unsinn der täglichen Tourendisposition. Meine Fahrer waren es gewohnt das Touren durch eine Person disponiert wurden, die genau wusste, welche Straßen zu welchen Straßen passten. In Wandersleben waren sie plötzlich mit Disponenten konfrontiert, die solcherlei Überlegungen völlig fremd zu sein schienen. Sie ordneten den Ort Ettersburg als Teil einer Tour, die die Orte Ollendorf bis Berlstedt umfasste, und den Weimarer Ortsteil Gelmeroda in eine Tour. Das hieß schlicht, der Fahrer verlor mindestens dreißig Minuten Zustellzeit, weil er während des nachmittäglichen Berufsverkehrs durch Weimar fahren musste. Ach so, die eventuell anfallenden Überstunden bezahlt ja der Vertragspartner. Ebenso eventuell anfallende Bußgelder, wegen Überschreitung der Lenkzeiten usw. Ich machte also die Tourendisposition lieber selbst. Allerdings stand in meinem Vertrag nicht, dass ich einen Disponenten zu stellen hätte. Punkt zwei auf der Liste.

Nachdem ich die Disposition selbst übernommen hatte, normalisierte sich das Klima innerhalb der Firma wieder. Ich teilte das Vertragsgebiet in acht Touren auf und besetzte sie mit einem Stammfahrer. Zwei Fahrer blieben als sogenannte Springer übrig. Sie mussten den jeweiligen Stammfahrer ersetzen, wenn der seinen freien Tag hatte. Wie ein Mantra predigte ich meinen Mitarbeitern, was ich in Erfurt immer beherzigt hatte: Redet mit den Leuten!

Nichts ist nämlich einfacher, als im Smalltalk Informationen zu beschaffen. Wenn wir nicht da sind, klingeln sie bei ... Wir nehmen alle Sendungen an, für das ganze Haus. Sie können die Pakete auch unter den Carport legen. Bei der letzten Aussage sollte der Fahrer darauf hinweisen, dass in diesem Fall eine Ablagegenehmigung erforderlich ist, die bestenfalls im Hermesserver hinterlegt wurde. Aber natürlich erfüllt auch ein Zettel an der Haustür, den der Fahrer fotografieren oder mitnehmen kann, seinen Zweck. Das bedeutet aber, der Empfänger hat Vertrauen zu seinem Paketboten, sonst wird er wahrscheinlich die Arme verschränken und boshafte Blicke versenden. Wir sollten nicht unterschätzen, wie empathisch unser Unbewusstes auf Körpersprache reagiert. Uns unter Umständen daran hindert, entscheidende Fragen zu stellen. Ich habe sie bereits zweimal nicht angetroffen, sind sie nur zu bestimmten Tageszeiten erreichbar? Gibt es hilfsbereite Nachbarn, denen sie ihre Sendung anvertrauen würden? Haben sie schon über eine Abstellgenehmigung nachgedacht? Wohin könnten wir denn eine Sendung legen, damit sie nicht durch niederträchtige Fremde gefunden wird? Die dahinter stehende Philosophie ist einfach. Vertrauen schafft Vertrauen oder: Locker von Mensch zu Mensch.

Mit der inzwischen vorhandenen Mannschaft konnte ich also rentabel arbeiten. Der amtierende Depotleiter in Wandersleben forderte mich auf, an Fahrern zu akquirieren, was ich akquirieren konnte.

Aber alles könnte so einfach sein, ist es aber nicht!

Warum eigentlich nicht?

Man kann natürlich auf „Teufel komm raus" Dinge entwickeln, planen, vorantreiben. Allerdings muss man wissen, was man tut, wenn er dann tatsächlich rauskommt. Der Teufel.

Ich hatte ja bereits während meiner Zeit mit Henning erkannt, dass nicht jeder Bewerber als Paketzusteller geeignet ist. Neben Bewerbern, die mit einer heftigen Alkoholfahne zum Vorstellungsgespräch erschienen, gab es viele, die nach wenigen Tagen erkannten, dieser Job ist nichts für mich. Anderen musste man sagen, weißt du achtzig Pakete, die du zustellst, sind nicht einhundertzwölf, die benötigt werden. Ich war mir durchaus bewusst, dass meine Vorgehensweise, das Wachstum der Firma begrenzte. Zudem erlaubte der Rohertrag der Firma maximal einen neuen Mitarbeiter pro Monat aus eigener Kraft. Alles andere hätte Kredite bedurft, die ich nicht aufnehmen wollte. Bis Juli 2018 hatte ich die Anzahl Fahrer eingestellt, die benötigt wurden, das vertraglich gebundene Zustellgebiet abzudecken.

Ich gönnte mir ein paar Tage Urlaub. Während dieser Zeit „schaltete" das Hermesdepot den Kunden Amazon ab. Statt bisher 1200 – 1300 Sendungen für die zehn Touren kamen pro Tag plötzlich nur noch 700 – 800 Sendungen pro Tag. Die Information vorab aus dem Depot war Null, nichts, nado, njente. Von einem Tag auf den anderen haben sie also mindestens fünf Mitarbeiter und Fahrzeuge zu viel. Ich bekam die Möglichkeit zusätzliche Touren zu übernehmen. Ein höherer Preis wurde außerdem für die zugestellte Sendung vereinbart.

Alles läuft prächtig.

Da wir alle Menschen mit eigenen Wünschen und Sehnsüchten sind, gelang es mir während des Jahres 2018/2019 nicht wesentlich, die Firma zu erweitern. Oft gelang es mir nur Ersatz für einen Mitarbeiter zu finden, der selbst das Handtuch warf. Weil er oder sie den Arbeitsaufwand falsch eingeschätzt hatte, weil er oder sie nicht in der Lage war, die Arbeit zu bewältigen. Ausländische Leiharbeiter schienen zunächst die Lösung. Allerdings erwiesen sich die Kontakte als unfruchtbar. Die beiden Polen, die sich auf meine Annonce bewarben, dachten, sie werden im Güterfernverkehr eingesetzt, nicht als Postdienstleister. Also machten wir langsam.

Eine meiner Mitarbeiterinnen hatte sich inzwischen zu einer wirkungsvoll agierenden rechten Hand entwickelt. Das erlaubte es mir, die Firma weiter zu entwickeln. Mein Umzug in die Niederlassung sollte nur temporärer Natur sein. Ich hatte ein passendes Objekt gefunden und wollte eine eigene Zustellbasis aufbauen. Meine Steuerberaterin und ich hatten eine saubere Kalkulation erstellt und freuten uns auf die Verhandlungen.

Verhandlungen fanden allerdings nicht statt. Ich bat die Hermes Vertreter bereits nach wenigen Minuten, den Raum zu verlassen. Ich glaube fest daran, dass es niemandem zusteht, seinen Vertragspartner mit Unverschämtheiten zu beleidigen. Ein Bespiel: Wir zahlen weniger für das Paket, weil sie ja Ersparnis in den Dieselkosten haben. Das ist aber meine Ersparnis! Und bei einer kalkulatorischen Ersparnis von gerade mal 2000€, zirka 6000€ weniger zahlen zu wollen, ist doch recht dreist. Die Niederlassungsleitung knirschte meiner Absage wegen mit den Zähnen. Aber es blieb alles beim Alten.

Natürlich blieb es das nicht! So lange der Vertragspartner brav kuscht und jede bittere Pille bis zu seiner Insolvenz schluckt, ist alles in Ordnung. Gegenwehr verträgt Hermes nicht.

Gehen wir an dieser Stelle noch einmal zurück und betrachten Geschäftsrisiken. Oh ja, jedes Geschäft beinhaltet Risiken, selbst der morgendliche Gang aus dem Haus. Und da ist nicht nur ein eventuell loser Dachziegel als Risiko einzustufen, auch ein unaufmerksamer Kraftfahrer, ein falscher Schritt auf einer Treppenstufe, eine wackelnde Gehwegplatte. Die Liste ließe sich beliebig ergänzen. Deshalb beinhaltet jede vernünftige Kalkulation einen Posten, der da lautet: Wagnis und Gewinn. Für Hermes stand die Frage: Risiken im Haus behalten oder – neoliberal gesprochen - outsourcen, also auslagern. Der Einfachheit halber entschied man sich für Letzteres. Wenn man an dieser Stelle schlau agiert, wandert das Wagnis zum Nachauftragnehmer oder Subi und der Gewinn verbleibt im eigenen Haus. Das ist aus einer Position der Stärke heraus natürlich einfacher zu machen. Aber, wie überall, wird sich irgendwann Widerstand formieren.

Über welche Risiken reden bei der Paketzustellung?

• An anderer Stelle im Buch wurde das Problem bereits angesprochen. Es handelt sich um die Paketmenge. Da Hermes in seinen Verträgen eine Vergütung nach Anzahl der Pakete in unterschiedlichen Abrechnungsklassen vereinbart, müssen stets ausreichend Pakete für den jeweiligen Vertragspartner zur Verfügung stehen. Für gewöhnlich schwankt die Paketmenge im Jahresverlauf erheblich. Das sogenannte Sommerloch ist das beste Beispiel. Die Menschen verbringen ihren wohlverdienten Jahresurlaub an Orten, die sie die Mühen des Alltags vergessen lassen. Weihnachtsgeschenke kaufen in überfüllten Kaufhäusern und Drängelei in vollgestopften Geschäften, die dann doch nicht das Gesuchte im Angebot haben, ist auch nicht jedermanns Sache. Gelassenes Stöbern am heimischen Computer ist sehr viel entspannender und lässt die Paketmengen in teils schwindelerregende Höhen schnellen. Das heißt für den Vertragspartner sowohl im Sommer, wo die Lademengen teilweise kaum kostendeckend sind, weil die Touren flächenmäßig nicht endlos ausgedehnt werden können, als auch im Winter, also zu Hochzeiten, ausreichend Personal zur Verfügung zu haben. Zudem muss es ihm gelingen, sein Personal so zu motivieren, dass die Fahrer auch bereit sind, für einen vergleichsweise schmalen Lohn, hohe Leistungen zu erbringen.

- Die Adressierung der Pakete. Es gibt innerhalb der Bevölkerung immer eine gewisse Mobilität. Menschen ziehen um. Pakete gehen noch an die alte Anschrift. Menschen erkranken und sind, manchmal über Wochen, nicht erreichbar. Menschen sterben auch. Manchmal ganz plötzlich. Und oft genug ist Hermes einfach nicht in der Lage eine handgeschriebene Adresse orthografisch richtig in den Computer zu übertragen. Da wird schon mal aus Am Steingarten 2 in Ballstedt, Am Steingarten 2 in Sachsenhausen. Zwischen beiden Adressen liegen ungefähr zwanzig Kilometer Luftlinie. Das ist schon peinlich. Das Risiko für alle diese nicht zustellbaren Pakete trägt der Vertragspartner, während das Sortierpersonal ungestraft fehlerhaft arbeiten darf.

• Ganz wichtig ist auch die, Hermes eigene, Codierung der Pakete. Wenn es denn funktioniert. Super Sache! Wenn es denn funktioniert! In Thüringen legte die Gemeindereform das System quasi lahm. In drei Ortsteilen einer neuen Gemeinde gibt es nun zum Beispiel eine Hauptstraße. Das sollte bei ordentlicher Adressierung kein Problem sein. Gehen wir zunächst einmal davon aus, dass unser Empfänger bei der Bestellung im Versandhaus seines Vertrauens die richtige Anschrift inzwischen hinterlegt hat. Bleibt die Frage, ob bei der Datenübergabe **an** Hermes die Felder, also Straße, Hausnummer, Postleitzahl usw. richtig zugeordnet sind? Da ist oft noch viel Luft nach oben. Dann stellt sich die Frage, warum ein so schlaues System sich nicht merken kann, dass die Hauptstraße in Berlstedt 27 Hausnummern von 1 – 27 hat, die Hauptstraße in Neumark die Hausnummern 75 – 102 hat? Der Ort Neumark ist durchnummeriert (Anhang 6). Diese so unschuldig ausschauenden Bilder sind es leider nicht. Im Gegenteil. Sie beweisen leider, dass gern das Problem vom eigenen Tisch auf den des Vertriebspartners geleitet wird. Wie geschieht das? Schauen wir uns dazu zunächst einmal die Codierungen an. Im Hermes-System ist mit 46 – 19 der Ort Berlstedt codiert in dem es gar keinen Lindenweg gibt. Es gibt dort einen Lindenberg, aber nicht mit diesen Hausnummern. Der Lindenweg gehört nach Isseroda in der Gemeinde Grammetal. Berlstedt ist Teil der Gemeinde Am Ettersberg. Wie fast alle Ortsteile der Gemeinde Am Ettersberg hat auch Berlstedt eine Kirchgasse. Zur Unterscheidung mit den anderen Kirchgassen ist den anderen der Ortsteilnahme vorangestellt. Also z. B. Schwerstedter Kirchgasse oder Sachsenhäuser Kirchgasse. Das sollte genügen die Pakete eindeutig zu adressieren. Nun haben die jeweiligen Ortsteile der Gemeinde Am Ettersberg unterschiedliche Codierungen. Schwerstedt die 46 – 22, Sachsenhausen die 46 – 32. Die Fehlcodierung bedeutet eine Wegstrecke von ca. 10 Kilometern oder, wie aus Anhang 1 ersichtlich ist, eine Zuordnung der Sendung zu einer falschen Tour. Im Zeitalter der Erderwärmung und gebotener $CO_2$-Ersparnis darf man dort mehr Sorgfalt einfordern. Schließlich werden die Rechenknechte auch bei Hermes nicht dafür bezahlt, in der Nase zu bohren. Ähnlich wie bei Volkswagen ist aber Kontrolle geboten, sonst wird aus den hochgelobten Ergebnissen ein saftiger und vor allem teurer Skandal.

Da sind also offenbar Dinge im Argen, deren Lösung gar nicht angegangen wird. Ich halte es jedoch für eine extrem wichtige Aufgabe genau dieses Problem anzugehen und zu lösen. Die auffallend große Anzahl solcher falsch codierter Pakete schränkt den Einsatz der Fahrer auf diesen Touren sehr ein. Das Navigationssystem ist nämlich mit der Zuordnung solcher Pakete zu bestehenden Adressen überfordert. Das bedeutet schlicht und ergreifend, ein fremder Fahrer findet den Empfänger nicht. Pakete werden als falsch adressiert zum Absender zurück geschickt, obwohl zwei Ortschaften weiter jemand Hände ringend auf deren Zustellung wartet. So lange versierte Fahrer da sind, die sich auskennen, wird das Problem offenbar ausgesessen. Das sogenannte Aussitzen von Problemen sorgte bereits während der Kohl-Ära für heftige Diskussionen. Schlimm nur, dass dagegen vom Vertragspartner absolute Fehlerlosigkeit verlangt wird. Und gern auch das Ausbügeln der eigenen Fehler hingenommen wird. Ehrenamtlich, versteht sich. Das heißt, man bekommt nicht nur keinerlei Dank für das Lösen solcher Probleme. Es wird einfach still schweigend vorausgesetzt. Warum schmeißen wir dann nicht gleich alle Pakete auf einen Haufen und sehen zu, wie wir klar kommen?

Wenn man merkt, dass Gegenwehr erforderlich ist, wird es Zeit sich Verbündete zu suchen. Für einen Fahrer bedeutet das, er sollte sich zur nächstliegenden Verdi-Geschäftsstelle begeben, dort einen Mitgliedsantrag unterschreiben und im Ernstfall den Rechtsschutz der Gewerkschaft in Anspruch nehmen. Vernünftiger Weise wird der verantwortliche Gewerkschaftssekretär dem Gesellen, der angetrunken auf dem Gelände der Tischlerei, direkt neben dem Späne Bunker unter dem Rauchen-verboten-und-kein-Umgang-mit-offenem-Feuer-Schild stehend seinen Joint angezündet hat und gegen die fristlose Kündigung vorgehen will, einen Hilfs-Willi an die Seite stellen. Schließlich muss man schauen, dass man auch in der Zukunft konstruktiv mit seinem Verhandlungspartner umgeht. Bei richtigen Streitigkeiten wird er dann Herrn Winkel Advokat schicken.

Bei Unternehmern heißt der Verbündete Arbeitgeberverband. In meinem Fall Landesverband Thüringen des Verkehrsgewerbes. Im Unterschied zu einer Gewerkschaft, die nur den Unternehmer als Verhandlungspartner hat, muss sich so eine Interessenvertretung der Unternehmer im Verkehrsgewerbe natürlich sowohl mit Angestellten, als auch mit Auftraggebern befassen.

Ich merkte recht schnell, dass der Arbeitgeberverband bereits Erfahrungen mit den Hermes Machenschaften hatte und schlicht und ergreifend nur darauf wartete, sich einbringen zu können. Die bisher durch Hermes geschädigten Firmen waren keine Verbandsmitglieder gewesen. Also füllte ich meine Beitrittserklärung aus.

Keine Minute zu spät, wie ich bald darauf feststellen durfte.

Wenn man bei Hermes einen Vertrag als Vertriebspartner unterschreibt, unterwirft man sich bestimmten Pflichten, wie anderswo auch, die da nämlich lauten, gegen keines der geltenden Gesetze zu verstoßen. Und natürlich wird das auch kontrolliert. Einmal im Jahr veranstaltet Hermes ein sogenanntes Audit. Der Unternehmer lässt die Hosen runter und legt gegebenenfalls sogar die Lohnzahlungsanweisungen für seine Angestellten vor. Bis zum Jahr 2018 bestand ich so ein Audit problemlos, da sowohl bei den Pflichten gegenüber

Finanzamt, Sozialkassen und sogar Mitarbeitern nicht geschludert wurde. Nach meiner Ablehnung des unmoralischen Angebotes begann das Mobbing durch den Niederlassungsleiter Herrn E.

Zum Audit kommt ein Firmenfremder. Das gibt dem Ganzen so einen tollen Anschein von Unabhängigkeit. Der Auditor hat einen tollen Fragenkatalog auf seinem Laptop, den er abarbeitet. Er ist zwar eingewiesen, kennt aber keine Hintergründe und erklärt, er wisse gar nicht, was er da tue. Seine Einweisung sei via Internet erfolgt und sie können natürlich nicht prüfen, was da besprochen wurde. Er schaut, ob die Vorgaben, die Hermes macht, erfüllt werden. Dabei schreibt sich Hermes auf die Fahnen, eigene Messlatten anzulegen, die deutlich über den gesetzlichen Vorgaben liegen. Dabei wird in übergriffiger Art und Weise in die Vertragsformulierungen des Subunternehmers eingegriffen. Also: Sie verstoßen gegen kein Gesetz. Sie zahlen sogar mehr, als Hermes in seiner eigenen Vorgabe verlangt. Allerdings zahlen sie ihren Mitarbeitern Gehalt, statt Stundenlohn, und kürzen das Gehalt bei Minderstunden nicht. Aber sie fallen durch! Ein schwerer Verstoß gegen die Hermes Vorgaben.

Ein Nachaudit wurde fällig. Ich erklärte dem neuen Auditor mein Problem mit seinem Vorgänger. Im Ergebnis dieses zweiten Audits besuchte ich einen Rechtsanwalt. Es galt eine Formulierung zu ändern, damit das Gehalt, dem Stundenlohn entsprach. Damit verschlechterte sich die Formulierung im Arbeitsvertrag für meine Angestellten. Aber es wurde so verlangt. Jeder andere Nachauftragnehmer bekam sein Audit sofort bestätigt.

Ein weiteres Problem sind die permanenten Kontrollen, die durch die Behörden gemacht werden. Natürlich müssen die gesetzlichen Vorgaben kontrolliert werden, weil die Nichteinhaltung grundsätzlich mit Preis- und meist auch Lohndumping einhergeht. So wurden meine Mitarbeiter mehrfach von Zoll- und Polizeibeamten kontrolliert. In der Auswertung solcher Kontrollen bekam ich einen netten Brief mit der Aufforderung Lohnauswertungen einzureichen. Ein Dankeschön bekommt man natürlich nicht. Und Kontrollen haben natürlich auch immer den faden Beigeschmack, unter Generalverdacht zu stehen. Manch ein eifriger Polizist versucht durch eine Vielzahl angezeigter Vergehen, seine Aussichten auf eine Beförderung zu verbessern. In meinem Fall war es immer derselbe. Nachdem er bei der ersten Kontrolle eines meiner Angestellten das Drogenscreening angesprungen war, hatte er mich in sein Herz geschlossen. Immer wieder erklärte er mir mit besorgter Miene, er müsse ja nun eine Anzeige machen. Und ich reagierte einfach nicht. Der Mitarbeiter war Asthmatiker und auf die Wirkstoffe in Asthmasprays reagiert leider auch das Drogenscreening. Darüber hinaus musste er die ebenfalls anwesenden Mitarbeiter der Straßenverkehrsgesellschaft Sachsen-Thüringen mehrfach befragen, bis sie sich schließlich auf seine Interpretation der Gesetzesvorschriften herabließen. Im Nachgang kontrollierte er während seines Streifendienstes vor allem meine Angestellten ohne deutschen Pass. Während die

Kontrollen bei deutschen Fahrern stets ohne Beanstandungen abliefen, bekam jeder kontrollierte Migrant eine Anzeige wegen Verstoßes gegen Arbeitsschutzauflagen. Alle Verfahren **wurden rasch** wieder eingestellt. Der allzu eifrige Beamte inzwischen versetzt. Danach gab es keine Anzeigen mehr. Es hatte sich offenbar unter den Behörden herumgesprochen, dass **meine** Firma gegen keinerlei Gesetzesvorschriften verstieß. Und ständig etwas konstruieren zu wollen, ist aufwändig und auf die Dauer langweilig.

Das hatte dem Hermes Niederlassungsleiter aber offensichtlich niemand erklärt. Dazu muss man wissen, dass natürlich auch Firmen wie Hermes durch den Zoll kontrolliert werden. Und im Gegensatz zu meiner Firma, die als allgemeiner Postdienstleister ausschließlich den Vorschriften des Postgesetzes unterliegt, gilt das für Hermes nicht. Die allgemeine Postdienstleistung wird ausschließlich mit Fahrzeugen abgewickelt, die kleiner 3,3 Tonnen Gesamtgewicht haben, eher kleiner 2,8 Tonnen Gesamtgewicht. Die Transporte zwischen den Logistikzentren werden aber durch LKW abgewickelt. Da greifen die Vorschriften für den Güterkraftverkehr, zumal das Postgesetz auch den Radius der Dienstleistungen auf maximal 150 Kilometer einschränkt.

Nun waren bei einer solchen Kontrolle im Logistikzentrum Friedewald wohl erhebliche Nachlässigkeiten ans Licht gekommen. Das wollte der Niederlassungsleiter natürlich auch ausnutzen. Jeder Vertragspartner wurde genötigt, Ladungssicherungsnetze anzuschaffen, obwohl sie im Postgesetz gar nicht verlangt werden. Wozu auch?

Der Zusteller wäre länger mit dem Öffnen und Schließen der Ladungssicherungsnetze beschäftigt, als mit dem eigentlichen Zustellen der Pakete. Darüber hinaus sind Postdienstleister sogar innerhalb der Straßenverkehrsordnung von der Anschnallpflicht befreit. Der **§21a der StVO** besagt dazu folgendes:

(1) Vorgeschriebene Sicherheitsgurte müssen während der Fahrt angelegt sein; dies gilt ebenfalls für vorgeschriebene Rollstuhl-Rückhaltesysteme und vorgeschriebene Rollstuhlnutzer-Rückhaltesysteme. Das gilt nicht für

1.	(weggefallen)
2.	Personen beim Haus-zu-Haus-Verkehr, wenn sie im jeweiligen Leistungs- oder Auslieferungsbezirk regelmäßig in kurzen Zeitabständen ihr Fahrzeug verlassen müssen,
3.	Fahrten mit Schrittgeschwindigkeit wie Rückwärtsfahren, Fahrten auf Parkplätzen,
4.	Fahrten in Kraftomnibussen, bei denen die Beförderung stehender Fahrgäste zugelassen ist,
5.	das Betriebspersonal in Kraftomnibussen und das Begleitpersonal von besonders betreuungsbedürftigen Personengruppen während der Dienstleistungen, die ein Verlassen des Sitzplatzes erfordern,
6.	Fahrgäste in Kraftomnibussen mit einer zulässigen Gesamtmasse von mehr als

3,5 t beim kurzzeitigen Verlassen des Sitzplatzes.

(2) Wer Krafträder oder offene drei- oder mehrrädrige Kraftfahrzeuge mit einer bauartbedingten Höchstgeschwindigkeit von über 20 km/h führt sowie auf oder in ihnen mitfährt, muss während der Fahrt einen geeigneten Schutzhelm tragen. Dies gilt nicht, wenn vorgeschriebene Sicherheitsgurte angelegt sind.

StVO aktuelle Fassung


Der Absatz 1 Abschnitt 2 beschreibt das Tätigkeitsprofil der allgemeinen Postdienstleister. Das gilt innerhalb des Zustellbereiches bei Fahrten zwischen Zustellorten, die nicht länger als 350 Meter sind. Klar, dass ich mich gegen die zusätzlichen Ausgaben sträubte.

Inzwischen waren jedoch auch andere Probleme aufgelaufen.

Nachdem in den ersten Monaten des Jahres 2019 das Paketaufkommen immens gewesen war und ein Sommerloch nicht in Sicht schien, schaltete der Niederlassungsleiter Amazon ab. Von einem Tag auf den anderen fehlten bei meinen Fahrern 40% der Sendungsmenge. Das wurde mir durch meine Fahrer mitgeteilt. Hermes hielt es nicht für nötig, mich zu informieren! Auf meine Frage hin, wies mir der technische Support zusätzliche Touren zu. Dabei ist natürlich zu beachten, dass eine Tour räumlich nicht beliebig erweitert werden kann. Ich hatte das Problem bereits an anderer Stelle in diesem Text diskutiert. Zumindest konnte ich einen Bonus für die Zusatztouren aushandeln.

Seit Mitte 2019 erfüllte meine Firma eine zusätzliche Aufgabe. Die Post sammelte im Logistikzentrum Nohra Irrläufer, also Pakete, die irrtümlich von einer Postfiliale angenommen worden waren. Einer meiner Angestellten fuhr also einmal wöchentlich in das DHL-Logistikzentrum und holte die Sendungen ab. Das war meist eine Sendungsanzahl zwischen 10 und 20. Es konnten aber auch mehr als 100 sein. Bezeichnender Weise erfuhr ich von dieser Aufgabe durch meine Angestellte, die mich fragte, welche Preisvereinbarung Hermes mit mir für diese Aufgabe geschlossen habe. Darauf angesprochen verkündete der Niederlassungsleiter vollmundig, die Leistung werde in der Abrechnungsklasse 114 vergütet. Diese Abrechnungsklasse umfasst Sendungen, die der Paketzusteller von einem Empfänger mit den Worten in die Hand gedrückt bekommt: Können sie mein Paket zurücknehmen? Der Empfänger spart sich dann den Weg in den Paketshop. Jeder meiner Mitarbeiter hat in der Monatsabrechnung Sendungen dieser Abrechnungsklasse. Außerdem bekamen wir noch Abholaufträge aus dem Amazon-Locker in Weimar. Die Pakete waren aber meist durch Wettbewerber zugestellt worden und das Hermes-System konnte die Barcodes nicht erfassen. Diese Sendungen fielen in die Abrechnungsklasse 116.

Meine Mitarbeiterin dokumentierte und dokumentiert die Leistungen der Firma penibel. Jeden Monat fragte sie mich, ob die Leistungen auch abgerechnet seien. Am ersten Werktag des Jahres 2020 sprach ich den technischen Support der Niederlassung daraufhin an. Als Antwort bekam ich die flapsige Bemerkung, warum ich nicht schon in alten Jahr damit gekommen wäre? Bis März zogen sich die Gespräche hin. Die Sendungen seien im System nicht auffindbar und wenn sie nicht da seien, sei mein Anspruch wahrscheinlich nichtig. Nun bin ich für die Inkompetenz des Hermes-Personals nicht verantwortlich. Ich analysierte alle verfügbaren Daten und kam auf eine Anzahl von 1575 noch nicht bezahlten Sendungen der Abrechnungsklasse 114 und 8 Sendungen der Abrechnungsklasse 116. Ich stellte also einfach eine Rechnung und schaute, was passierte. Zunächst lehnte der Niederlassungsleiter die Rechnung ab. Allerdings klappte von diesem Tag an die Abstimmung über die Anzahl der Irrläufer prächtig.

Im September 2019 legte mir der Niederlassungsleiter eine Bonusvereinbarung vor. Ziel war es, die Menge unbearbeitet zurückgebrachter Pakete gegen Null zu fahren. Dazu muss ich zunächst wieder etwas ausholen, um das Problem zu verdeutlichen.

Der Gesetzgeber begrenzt die Lenkzeit für die Fahrer auf maximal 10 Stunden. Das heißt, der Kraftfahrer darf maximal 10 Zeitstunden unterwegs sein. Natürlich mit entsprechenden Pausen. Wenn sie schon einmal eine Busreise gemacht haben, kennen sie das. Deswegen haben Kraftfahrer in ihrem Fahrzeug einen Nachweis. Paketzusteller benötigen diesen Nachweis nicht, weil sie zwischen den einzelnen Stopps nur kurze bis kürzeste Strecken fahren. Trotzdem sind natürlich auch im Sinne von Arbeits- und Verkehrssicherheit Überstunden zu vermeiden. Das bedeutet allerdings auch, viel mehr als 130 Stopps sind innerhalb der Arbeitszeit nicht zu bewältigen. Ich hatte auch darauf bereits hingewiesen. Die Herausforderung für die tägliche Tourendisposition besteht also darin auch bei hohem Paketaufkommen die Touren so zu gestalten, dass der Fahrer es schafft alle Pakete zu bearbeiten. Da Amazon zu dieser Zeit begann, eigene Zusteller ins Rennen zu schicken, war das Paketaufkommen während der Hochzeit relativ entspannt zu betrachten und abzuwickeln. Selbst die eine oder andere Krankmeldung brachte die Firma nicht aus dem Tritt. Natürlich passieren auch Missgeschicke. Eine Autopanne. Eine Erkältung, die den hoch motivierten Fahrer doch zur Aufgabe und damit den Tourenabbruch zwingt. Die Firma sollte weniger als 4% unbearbeitete Sendungen im Monatsdurchschnitt erreichen, um den Bonus zu erhalten. Wir lagen deutlich darunter. Aber dazu später.

Fügen wir an dieser Stelle ein kurzes Resümee ein.

Zum Jahreswechsel 2019/20 war die Firma so gewachsen, dass sie täglich 14 Touren bedienen konnte. Immer wieder war es gelungen, neue Mitarbeiter zu werben und in die Mannschaft zu integrieren. Der Anspruch, den ich wie ein Mantra herbetete, lautete, die Mannschaft muss gut genug sein Real Madrid besiegen zu können. Allein, wir bekamen nicht genug Pakete dafür.

Nun kann man sich bei den Menschen beschweren, die einfach nicht genug bei den Versandhäusern bestellen. Bei Amazon, die partout, ein eigenes Zustellsystem aufbauen wollen. Wir benötigten ca. 1700 Pakete täglich, bekamen aber maximal 1400 Pakete zugeteilt. Hermes schaffte und schafft es meiner Meinung nach nicht, genügend Auftraggeber zu akquirieren.

# Der Abrechnungsbetrug ausgelieferter Pakete durch den Niederlassungsleiter Herrn E. Problemlösungen?

Im vorangegangenen Abschnitt habe ich die Probleme angesprochen. Sie wurden nicht gelöst. Im Gegenteil fast täglich wurde ein neues Scharmützel eröffnet. Die Kriegserklärung – ja, nennen wir es ruhig so – erfolgte im Februar 2020. Nochmal zur Erinnerung: Aus dem Jahr 2019 waren noch Pakete abzurechnen, die angeblich nicht auffindbar waren. Im Februar 2020 vergaßen wir angeblich nicht 13 Paketshops anzufahren und abzuholen.

Sehr geehrte Damen und Herren,

die tägliche Auswertung hat ergeben, dass folgende(r) Paketshop(s) am vorherigen Arbeitstag nicht angefahren wurde(n):

07.02.2020
632395

          –                , Erfurter Str. 13, 99423 Weimar

07.02.2020
632580

          , Karl Liebknecht Str. 2a, 99423 Weimar

07.02.2020
635602

       , Riessner Str. 14, 99427 Weimar

07.02.2020
635614

      , Roehrstr. 1, 99423 Weimar

07.02.2020
636862

          , Strassburger Platz 2, 99427 Weimar

07.02.2020
636865

        , Max Greil Siedlung 32, 99428 Tröbsdorf

07.02.2020
636883

, Schulze Delitzsch Str. 1, 99427 Weimar

07.02.2020
638060

, Döllstädtstr. 2, 99423 Weimar

07.02.2020
664921

, Tiefer Weg 17, 99428 Grammetal

Sehr geehrte Damen und Herren,

die tägliche Auswertung hat ergeben, dass folgende(r) Paketshop(s) am vorherigen Arbeitstag nicht angefahren wurde(n):

18.02.2020
632580

, Karl Liebknecht Str. 2a, 99423 Weimar

18.02.2020
636865

, Max Greil Siedlung 32, 99428 Tröbsdorf

18.02.2020
664921

, Tiefer Weg 17, 99428 Grammetal

Sehr geehrte Damen und Herren,

die tägliche Auswertung hat ergeben, dass folgende(r) Paketshop(s) am vorherigen Arbeitstag nicht angefahren wurde(n):

24.02.2020
636862

, Strassburger Platz 2, 99427 Weimar

Das konnte meiner eigenen Auswertung nach nicht stimmen. Ich bat per Email um die entsprechenden Daten.


Hallo  Herr Sommer,
im abgelaufenen Monat Februar lag Ihre Quote der PS Bedienung bei 96,17 %.
Damit haben Sie das vereinbarte Kriterium bezüglich der dazugehörigen Prämienvereinbarung nicht erfüllt.


Mit freundlichen Grüßen
Martin E

Ich antwortete und verwies gleich auf noch offene Probleme:


Sehr geehrter Herr E            ,

da es reichlich falsche Reklamationen gab, hätte ich gern die Rohdaten gesehen, aus denen dieser Prozentsatz ermittelt wurde.

Darüber hinaus habe ich bereits im Januar 2020 die fehlenden DHL Irrläufer sowie die Amazon Retouren aus dem Locker angemahnt. Nachberechnet wurde bisher der Dezember 2019. Da fehlen noch mehr als 1000 Sendungen aus 2019. Januar 2020 fehlt komplett und im Februar 2020 ist nur ein Teil abgerechnet. Wann ist das erledigt?


Und bekam folgende Antwort:


Hallo Herr Sommer,
ich antworte Ihnen auf Ihre Mail  besser erst, wenn ich eine  Nacht darüber geschlafen habe.

Mit freundlichen Grüßen
Martin E

Halte nur ich diese Antwort für reichlich unverschämt? Also beschaffte ich mir die Daten selbst, indem ich im Hermessystem recherchierte. Die Auswertung ergab drei Paketshops waren tatsächlich nicht angefahren worden. Aber zehn waren angefahren und bearbeitet worden. Damit war auch die geforderte Quote erfüllt. Ich stellte meine Rechnung. In diesem Fall noch ohne den eigenen Zeitaufwand für die Kontrolle der Abrechnung als Mehraufwand zu berechnen. Reaktion darauf: Sie können doch nicht einfach eine Rechnung stellen?

Doch, das kann und das tue ich. Ich habe kein Problem damit, dass dieser Lapsus mit dem Computersystem passierte, aber wenn eine solche Anfrage kommt, die den Verdacht nahe legt, es könne aufgrund eines technischen Problems eine Falschinformation herausgegeben worden sein, prüfe ich das nach, plädiere auf Fahrlässigkeit, bitte um Verzeihung und rüge meine Rechenknechte, indem ich sie entmanne. Die beschriebene Vorgehensweise des Niederlassungsleiters riecht dagegen sehr nach Vorsatz. Immerhin gab er die Rechnung frei, bevor ich den Landesverband als meinen Interessenvertreter ins Rennen schickte.

Etwa zur selben Zeit hatte ich die Rechnung für die offenen Sendungen aus dem Vorjahr gestellt. Diese Rechnung wurde ja erst einmal abgelehnt. Natürlich kündigte der Niederlassungsleiter immer wieder an, man müsse sich zusammensetzen, um über die Forderungen zu sprechen. Allein ein Terminvorschlag kam nicht. Inzwischen war es Mai und ich wagte es zu fragen, wann ich denn die Sondervereinbarung vom September abgerechnet bekomme. Die hätte ich nicht erfüllt, bekam ich zur Antwort.

Das war natürlich ein Ansporn!

Wie bekommt man nun aus den vorhandenen Daten eine Analyse, die notfalls einem Rechtsstreit standhält. Dazu schauen wir uns zunächst einmal die Auswertung an, die Hermes für jede Tour bei Tour Abschluss ausgibt.

Was fällt als erstes an diesem Blatt auf? Ja, es stehen jede Menge Zahlen drauf. Im ersten Moment recht unübersichtlich. Aber wir werden das vermeintliche Chaos gleich erklären.

Nach dem zweiten Blick fällt noch etwas anderes auf. Es stehen nämlich gar keine Abrechnungsklassen auf diesem Blatt. Warum eigentlich nicht? Dazu kommen wir in diesem Text ebenfalls noch.

Betrachten wir dazu zunächst einmal die oberen beiden Zeilen der Empfangsquittung (Bild 1).

| Tour: 070 | | Tourdatum: 19.12.2020 | | FR: | |
| TA | | RL: | | Hermes-Bote: Sommer | |
| TE: 46 | | Fahrzeug-Nr.: null | | Gehilfe: | |

| Lade-menge | Sendungskategorien | | | | | | | | | Verpackungsstellung | | | |
| --- | --- | --- | --- | --- | --- | --- | --- | --- | --- | --- | --- | --- | --- |
| | PKT | HP | KAT | KWS | GEP | SPE | BRF | ABA | UNB | SK/VP | FAHVP | TV1 | TV2 |
| | 114 | 0 | 0 | 0 | 0 | 2 | 0 | 0 | 0 | 0 | 0 | 0 | 0 |

| Lade-menge | dv. Tageszustellung | | | | | davon Terminservice | | | | davon Diverse | | | |
| --- | --- | --- | --- | --- | --- | --- | --- | --- | --- | --- | --- | --- | --- |
| | GT | V | M | N | F | E24 | WZF | SAM | WUN | LMS | NN | BAN | GRV |
| | 116 | 0 | 0 | 0 | 0 | 10 | 0 | 0 | 0 | 0 | 0 | 0 | 0 |

**Bild 1**

In beiden Zeilen wird hier die gesamte Lademenge, nämlich 116 Sendungen, in unterschiedlicher Weise dargestellt. Dazu eine kurze Erklärung.

Obere Zeile:

Sendungskategorien:

PKT         -         Paket
HP          -         Hängekonfektion
KAT         -         Katalog
KWS         -         Kleinwarensendung
GEP         -         Reisegepäck
SPE         -         Speditionsteil
BRF         -         Briefsendung
ABA     -             Abholauftrag
UNB         -                         unbenannte
Verpackungseinheit

Die Sendungskategorien sind farblich so hinterlegt wie in der Tabelle in Anhang 8. Gelb sind Zustellkategorien, rosa Kataloge, für die keine Quittung erforderlich ist, grünlich sind Abholkategorien. Ohne farbliche Hinterlegung sind Kategorien, die im Tagesgeschäft nicht anfallen oder bisher nicht angefallen sind.

Verpackungsstellung:

SKIVP       -         Skiverpackung
FAHVP       -         Fahrradverpackung
TV1         -         Fernsehverpackung Größe 1
TV2         -         Fernsehverpackung Größe 2

Untere Zeile:

Zustellvorgaben:

GT    -    Ganzer Tag
V     -    Vormittag
M     -    Mittag
N     -    Nachmittag
F     -    Feierabend

Terminvorgaben:

E24   -    Eilsendung
WZF   -    Wunschzeitfenster
SAM   -    Samstag
WUN   -    Wunschtermin

Andere Besonderheiten der Sendung:

LMS   -    Lademengenservice ? (das konnte
kein Hermes-Mitarbeiter erklären)
NN    -    Nachnahmesendung
BAN   -    Banderole
QRV   -    Qualitativer Rückversand

In der Abrechnung heißen die Sendungskategorien jedoch wie im Anhang 7 benannt.

Anhand der farblichen Hinterlegungen habe ich dargestellt, welche Abrechnungsklassen sich hinter den Sendungskategorien in der Empfangsquittung verbergen.

Unter den beiden als Lademenge bezeichneten Zeilen ist die Empfangsquittung in zwei Spalten unterteilt. Zustellungen links, Abholungen rechts.

Wenden wir uns zunächst der linken Spalte zu (Bild 2).

Zunächst wird die gesamte Lademenge angegeben. 116 Sendungen. Darunter werden die verschiedenen Rückläufe aufgelistet:

Rücklauf A        -        Annahme verweigert

Der Empfänger will das Paket nicht haben.

Rücklauf F        -        falsche Adresse

Der Empfänger ist unter der Adresse entweder unbekannt oder umgezogen. Im Zeitalter uneingeschränkter Mobilität der Bevölkerung kommen der Wechsel von Arbeitsstellen und damit einher gehende Umzüge einfach vor.

Rücklauf N1/N2        -        Empfänger        nicht angetroffen 1. und 2. Anfahrt

Natürlich passiert es, dass der Empfänger nicht zuhause ist, wenn der Hermesbote klingelt. Der Empfänger bekommt durch den Boten eine Benachrichtigungskarte in den Briefkasten geworfen.

Rücklauf N3/N4        -        Empfänger        nicht angetroffen 3. und 4. Anfahrt

Es kann auch eine 3. Fehlanfahrt geben. Dann bekommt der Empfänger eine postalische Benachrichtigung. Er kann nun direkt einen Termin vereinbaren, an dem ihm seine Sendung zugestellt wird. Schlägt dieser Termin fehl (N4), geht das Paket an den Absender zurück.

Rücklauf Z - Zeitüberschreitung
Das Paket wurde unbearbeitet vom Fahrer zurückgegeben, also quasi spazieren gefahren.

Rücklauf KG - kein Geld Das betrifft ausschließlich Nachnahmesendungen. Der Empfänger hat kein Bargeld im Haus und kann das Paket nicht bezahlen.

Rücklauf U+S - Schaden bzw. Umleitung
Das Paket ist beschädigt oder in der falschen Tour disponiert.

Rücklauf I - Identifikation fehlgeschlagen
Durch den Empfänger wurde entweder der falsche Ausweis (Ergänzen der Ausweisnummer) vorgelegt oder das falsche Geburtsdatum angegeben.

Rücklauf NP - Sendung wurde nicht aus dem Paketshop abgeholt

Rücklauf V - die Sendung ging verloren
Danach wird aus der Anzahl der jeweiligen Rückläufer eine Summe gebildet. Gesondert wird ausgewiesen, ob innerhalb der Rückläufer Nachnahmesendungen sind oder eventuell Sendungen, die nicht als Tourenausgang gescannt wurden. Von der Lademenge abgezogen, ergibt sich daraus die Zustellmenge. Dort wird ausgewiesen, ob Sendungen ohne Tourenausgang zugestellt wurden.

In der folgenden Zeile wird ausgewiesen, ob Sendungen im Rücklauf fehlen, dann, ob Retouren fehlen. Die folgenden Zeilen sind selbsterklärend. Darunter steht dann die Anzahl der zurückgegebenen Pakete.

Wie wir unschwer erkennen können, ist diese Empfangsquittung fehlerhaft. 116 Pakete geladen, 116 Pakete zugestellt davon 1 ohne Tourenausgang. 1 Paket zurückgegeben. Was fehlt, ist der Nachweis, welcher Rücklaufkategorie dieses Paket zuzuordnen ist. Denn, da ein Paket als Sendung ohne Tourenausgang (TA) ausgewiesen wurde, bedeutet, das Paket wurde während der Tour bearbeitet.

```
Tour:  070                          Tourdatum:  19.12.2020
TA                                  RL:
TE:  46                             Fahrzeug-Nr.:  null
```

| Lade-menge | Sendungskategorien | | | | | | |
|---|---|---|---|---|---|---|---|
|  | PKT | HP | KAT | KWS | GEP | SPE | BRF |
|  | 114 | 0 | 0 | 0 | 0 | 2 | 0 |

| Lade-menge | dv. Tageszustellung | | | | | | da |
|---|---|---|---|---|---|---|---|
|  | GT | V | M | N | F | E24 | WZ |
|  | 116 | 0 | 0 | 0 | 0 | 10 | 0 |

| Zustellungen | Sendungen | Abholaufträge | |
|---|---|---|---|
| Lademenge Gesamt: | 116 | Lademenge Gesamt: | |
| Rücklauf A | 0 | Rücklauf A | |
| Rücklauf F | 0 | Rücklauf F | |
| Rücklauf N1 / N2 | 0 | Rücklauf N1 | |
| Rücklauf N3 / N4 | 0 | Rücklauf N2 | |
| Rücklauf Z | 0 | Rücklauf N3 / N4 | |
| Rücklauf KG | 0 | Rücklauf Z | |
| Rücklauf U + S | 0 | Rücklauf KG | |
| Rücklauf I | 0 | Rücklauf U + S | |
| Rücklauf NP | 0 | Rücklauf V | |
| Rücklauf V | 0 | Rücklauf Gesamt gesc | |
| Rücklauf Gesamt gescannt | 0 | | erledi |
| davon Nachnahme-Sendungen | 0 | | dav |
| davon ohne TA | 0 | | davon ohr |
| Zustellmenge | 116 | Abholmenge | |
| davon ohne TA | 1 | | |
| RL-Sendungen nicht gescannt | 0 | | |
| RL-Retouren nicht gescannt | 0 | Mitnahmemenge | |
| Anzahl Sendungsklärungsbelege | 0 | | |
| Anzahl Stornierungsbelege | 0 | | |
| ID's Rücklauf nicht gescannt | | | |
| ID's Bearbeitung ohne TA | · | | |
| Rückgabemenge Gesamt | 1 | | Paket |
| Auftraggeber-Stopps | 0 | | |

**Bild 2**

Wenden wir uns nun der rechten Spalte zu (Bild 3). Sie ist prinzipiell wie die rechte aufgebaut, allerdings noch in Abholaufträge und Banderolen unterteilt. Danach sind die gleichen Rücklaufkategorien hinterlegt. Darunter wird die Abholmenge aufsummiert. Darunter steht unter Mitnahmemenge die Anzahl der Paketshop Retouren. Ganz unten die Anzahl der angefahrenen

Paketshops sowie die Anzahl der Paketshops, die seit der vorangegangen Anfahrt keine Pakete angenommen hatten.

| Abholaufträge | ABA | BAN |
|---|---|---|
| **Lademenge Gesamt:** | 0 | 0 |
| Rücklauf A | 0 | 0 |
| Rücklauf F | 0 | 0 |
| Rücklauf N1 | 0 | 0 |
| Rücklauf N2 | 0 | 0 |
| Rücklauf N3 / N4 | 0 | 0 |
| Rücklauf Z | 0 | 0 |
| Rücklauf KG | 0 | 0 |
| Rücklauf U + S | 0 | 0 |
| Rücklauf V | 0 | 0 |
| **Rücklauf Gesamt gescannt** | 0 | 0 |
| erledigte Aufträge | 0 | 0 |
| davon ohne TA | 0 | 0 |
| davon ohne Sendung | 0 | 0 |
| **Abholmenge** | 0 | |
| davon Paketshop-Retouren | 0 | |
| davon Sendungsübernahmen | 0 | |
| **Mitnahmemenge** | 253 | |
| davon Paketshop-Retouren | 253 | |
| davon Selbstanlieferung | 0 | |
| | | |
| 13055169001997 | | |
| **Paketshop-Stopps** | 8 | |
| davon ohne Sendung | 0 | |

**Bild 3**

Ich analysierte also für die Monate September 2019 bis Februar 2020 die vorliegenden Daten. Zunächst einmal musste ich monatlich die Gesamtlademengen ermitteln. Das erwies sich schlicht als unmöglich, da bisher innerhalb der innerbetrieblichen Auswertung nur die zugestellten Pakete und der dazu gehörende Rücklauf N 1-4 sowie der Rücklauf Z betrachtet wurde. Die absolute Anzahl der Pakete Rücklauf Z konnte zudem sowohl aus der eigenen Auswertung entnommen werden, als auch aus der täglichen Rücklaufübermittlung durch den verantwortlichen Mitarbeiter in der Niederlassung (Anhang 8).

Nach der erfolgten Auswertung ergab sich folgendes Bild (Tabelle 4). Ich hatte also in jedem Monat die geforderte Quote von <4% Anteil Rücklauf Z erfüllt.

|  | Sep 19 | Okt 19 | Nov 19 | Dez 19 | Jan 20 | Feb 20 |
|---|---|---|---|---|---|---|
| Lademeng. | 31800 | 29068 | 35367 | 30882 | 31698 | 29203 |
| Zer | 1035 | 889 | 1124 | 865 | 781 | 859 |
| Anteil | 3,25% | 3,06% | 3,18% | 2,80% | 2,46% | 2,94% |

**Tabelle 4**

Stellte sich die nächste Frage, wie komme ich auf die absoluten Paketmengen der Abrechnungskategorien 100 und 101? Ich musste dazu einige Annahmen treffen und ließ meine Ergebnisse auch erst vom Justiziar des LTV prüfen (Tabelle 5). Ich traf als erste Annahme die, dass der Anteil der Pakete in den jeweiligen Abrechnungsklassen innerhalb der Rückläufer gleich dem innerhalb der zugestellten Pakete war. Rechtlich ist diese Vorgehensweise legitim. Ähnlich gehen Finanzämter und Krankenkassen bei Schätzungen für Steuervorauszahlungen oder Beiträgen vor.

|  | Sep 19 | Okt 19 | Nov 19 | Dez 19 | Jan 20 | Feb 20 |
|---|---|---|---|---|---|---|
| Abrkl. 100 | **20610** | **20247** | **25263** | **20946** | **23068** | **20673** |

| | | | | | | |
|---|---|---|---|---|---|---|
| Zugestellt | **26106** | **24082** | **28937** | **24882** | **25732** | **23390** |
| Anteil | 78,95% | 84,08% | 87,30% | 84,18% | 89,65% | 88,38% |
| | | | | | | |
| 101 | 2832 | 1363 | 1567 | 1603 | 1661 | 1745 |
| 107 + 109 | 15 | 25 | 32 | 27 | 29 | 32 |
| 110 | 517 | 268 | 315 | 462 | 279 | 368 |
| 118 | 593 | 206 | 200 | 431 | 244 | 258 |
| Summe | **3957** | **1862** | **2114** | **2523** | **2213** | **2403** |
| Anteil | 15,16% | 7,73% | 7,31% | 10,14% | 8,60% | 10,27% |
| | | | | | | |
| Zugang 100 | **25105** | **24439** | **30877** | **25997** | **28416** | **25811** |
| Zugang Eil | **4820** | **2248** | **2584** | **3131** | **2726** | **3000** |
| | | | | | | |
| Fahrtage | 25 | 25 | 26 | 24 | 26 | 25 |
| Tageschnitt | | | | | | |
| 100 | 1004 | 978 | 1188 | 1083 | 1093 | 1032 |
| Eilsendungen | 193 | 90 | 99 | 130 | 105 | 120 |

**Tabelle 5**

Letztlich ergab sich eine Anzahl von Paketen, die ich in Rechnung stellte. Wieviel Zeit ich dafür aufgewendet habe, wollte der Justiziar noch wissen? Zirka fünfzehn Stunden. Nicht vergessen, den eigenen Aufwand mit zu berücksichtigen. Ich veranschlage als Diplom-Ingenieur einen Stundensatz von 120€ für meine eigene Arbeit. Umso kläglicher der Versuch einer finanziellen Einigung.

Sehr geehrter Herr R       ,

in der vorbezeichneten Angelegenheit haben mir die Kolleg*innen der betroffenen Area Ihr Schreiben vom 27.11.2020 zur Beantwortung vorgelegt.

Da die Auswertung der entsprechenden Sendungsdaten mit einem Mehraufwand in unserem Hause verbunden wäre und wir ein großes Interesse an einer einvernehmlichen Streitbeilegung haben, möchten wir Herrn Sommer im Hinblick auf die geltend gemachten Bonuszahlungen - ohne Anerkennung einer Rechtspflicht - anbieten, ihm einen Betrag in Höhe von 2.380,00 EUR netto (mehr als 2/3 des geltend gemachten Rechnungsbetrages) zu zahlen.

Bezüglich der Mehraufwandkosten erkennen wir zwar grundsätzlich an, dass ein Mehraufwand angefallen sein mag. Anzahl und Stundenlohn können wir jedoch nicht nachvollziehen. Insbesondere halten wir den angesetzten Stundenlohn von 120,00 EUR für viel zu hoch. Wir möchten Sie bitten, die Abrechnung diesbezüglich entsprechend zu überdenken.

Für Rückfragen stehe ich Ihnen gern zur Verfügung.

Mit freundlichen Grüßen

Wolf R        LL.M.
Legal Counsel

Human Resources & Legal

Hermes Germany GmbH
Essener Str. 89
D-22419 Hamburg

Für die drei bisher angeführten Betrugsversuche ergaben sich folgende Schadenssummen:
Paketshopentsorgung
        816,72€
Fehlende Irrläufer
        1.903,68€
Bonusvereinbarung
        5.357,50€
Wir reden also über mehr als 8.000€ netto.
Und, wie ich feststellte, war und ist das nur die Spitze des Eisberges.

Bei der Prüfung meiner Unterlagen fiel mir auf, dass ich vielleicht sogar ohne Ladelisten in der Lage war, die Abrechnungsdifferenzen nachzuweisen. Zunächst versuchte ich es aber mit einem Gespräch. Ich wies auf die Differenzen hin, bat um Klärung und bekam zur Antwort: Hermes könne die Differenzen nicht bezahlen, zumal diese den Paketshop Sendungen zugeordnet seien. Darüber hinaus wisse man ja gar nicht, welche Sendungen in die Paketshops geliefert werden müssen. Das ist so ungefähr die unverschämteste Lüge seit Winterkorns weinerlicher Aussage, er habe nicht gewusst, was bei Volkswagen vorgeht. Ein Blick auf eine Orientierungsliste schafft da sofort Klarheit (Bild 4). Privat oder auch Firmenadressen sind natürlich ohne Öffnungszeiten hinterlegt. Ein

Paketshop muss während seiner Öffnungszeiten angefahren werden. Logisch! Sonst hat er nämlich geschlossen. Wie an der Adresse Schulze-Delitzsch-Straße 1 gut zu sehen ist. Samstag 7-13 Uhr geöffnet. Ach und daneben ist zu erkennen, dass 12 Pakete in den Paketshop zu liefern sind. Nicht vielleicht oder etwa oder geschätzt. Nein, genau und exakt 12 Stück. Und dank der Barcodenummern wissen wir sogar einhundertprozentig genau welche Pakete das sind. Auch, wenn wir ein funktionaler Analphabet sind und die Adresse nicht lesen können. Insofern ist jede derartige Aussage als plumpe Schutzbehauptung zu werten. Der Gebrauch des Verbes können in diesem Zusammenhang hat natürlich auch Konsequenzen. Können bezeichnet in der deutschen Sprache das Vermögen, etwas zu tun. Im Zusammenhang mit dem Adverb nicht das Unvermögen. Beispiel: Ich kann gehen. Ich kann nicht gehen. Bedeutet so viel wie: Ich benötige Hilfsmittel etwa einen Rollstuhl oder ich bin bettlägerig. Beim Bezahlen bedeutet nicht. Ich habe kein Geld. Bei Firmen Konkurs. Die Konkursverschleppung ist eine Straftat und durch die Justiz zu ahnden. Andernfalls muss das Verb wollen gebaucht werden. Hermes will nicht bezahlen. Da sie aber im Vertrag erklärt haben, dass sie bezahlen wollen, weist diese Äußerung nun wieder auf organisierten Betrug hin. So wie die Zahlung von – sagen wir – 2€/Stunde Bereitschaft. Sie waren aber 10 Stunden Schnee räumen. Nachts. Am Wochenende und bekommen das Bereitschaftsgeld für ihre Arbeit gezahlt. An dieser Stelle ruft jede Gewerkschaft das Arbeitsgericht an.

| 46-78 | RIESSNERSTR. 6 | WEIMAR | 13060269016048<br>OTTO | TUE |
|---|---|---|---|---|
| 46-78 | RIESSNERSTR. 11 | WEIMAR | 46063269012520<br>OTTO | TUE |
| 46-78 | RIESSNERSTR. 37<br>STAR TANKSTELLE | WEIMAR | 46060269008331<br>OTTO | PKT |
| 46-79 | SCHULZE DELITZSCH STR. 1<br>Samstag: 07:00-13:00 Uhr | WEIMAR | 26063169403813<br>LIMANGO DEU (Rhenus) | PKT |
| | | | 26063169403059<br>LIMANGO DEU (Rhenus) | PKT |
| | | | 26063169403240<br>LIMANGO DEU (Rhenus) | PKT |
| | | | 26063169402830<br>LIMANGO DEU (Rhenus) | PKT |
| | | | 26062169404110<br>LIMANGO DEU (Rhenus) | TUE |
| | | | 35063169830020<br>asos DE Pudo | PKT |
| | | | 59063169600449<br>H&M Boleslawiec | PKT |
| | | | 26063169403035<br>LIMANGO DEU (Rhenus) | PKT |
| | | | 26062169401966<br>Limango_Outlet | TUE |
| | | | 26063169403066<br>LIMANGO DEU (Rhenus) | PKT |
| | | | H1020030502151701069<br>Amazon Flat (POZ1) | PKT |
| | | | 26063169403103<br>LIMANGO DEU (Rhenus) | PKT |

**Bild 4**

Betrachten wir die Sache detaillierter und stellen
wir einmal zwei Monate meiner Fahrer gegenüber
und zwar die Anzahl der zugestellten Pakete, wie sie
sich aus den Empfangsquittungen ergeben und die
tatsächlich abgerechneten Pakete in den jeweiligen
Abrechnungsklassen (Tabelle 6 und 7). Dabei

werden nur die Abrechnungsklassen abgebildet, die tatsächlich mit Paketen belegt waren.

| Monat: | Dezember |
| --- | --- |
| Jahr: | 2020 |
| Zugestellt (alle Fahrer): | 24703 |

| 85 O. Alsharafani | | Abrechnungsklassen | | | |
| --- | --- | --- | --- | --- | --- |
| | Zugestellt | 100 | 101 | 118 | 124 |
| 1 | **45** | | | | |
| 2 | **47** | | | | |
| 3 | **40** | | | | |
| 4 | **32** | | | | |
| 5 | **60** | | | | |
| 6 | | | | | |
| 7 | **67** | 45 | | | 5 |
| 8 | **76** | 21 | 4 | | |
| 9 | | | | | |
| 10 | | | | | |
| 11 | **40** | | | | |
| 12 | **56** | | | | |
| 13 | | | | | |
| 14 | **53** | 12 | | | 4 |

| | | | | | |
|---|---|---|---|---|---|
| 15 | **74** | 25 | 6 | | |
| 16 | | | | | |
| 17 | **61** | 34 | 1 | | |
| 18 | **92** | 60 | 9 | | |
| 19 | **38** | | | | |
| 21 | **79** | 44 | | 1 | |
| 22 | **74** | 39 | 5 | | |
| 23 | **30** | | | | |
| 24 | **16** | | | | |
| 25 | | | | | |
| 26 | | | | | |
| 27 | | | | | |
| 28 | **10** | | | | |
| 29 | **57** | 31 | 1 | | |
| 30 | **122** | 118 | 4 | | |
| 31 | **55** | 41 | 13 | | 1 |

**Tabelle 6**

Monat: Dezember
Jahr: 2020
Zugestellt (alle 24703

Fahrer):

| | 79 Hofmann | Abrechnungsklassen | | |
|---|---|---|---|---|
| | Zugestellt | 100 | 101 | 118 |
| 1 | **88** | 14 | | |
| 2 | **81** | 18 | | |
| 3 | **96** | 20 | 1 | |
| 4 | **75** | 26 | 2 | |
| 5 | | | | |
| 6 | | | | |
| 7 | **122** | 51 | | 1 |
| 8 | **96** | 25 | 1 | |
| 9 | **113** | 22 | 3 | |
| 10 | **105** | 42 | 1 | |
| 11 | **102** | 22 | 1 | |
| 12 | **35** | | | |
| 13 | | | | |
| 14 | **95** | 42 | | |
| 15 | **129** | 37 | 1 | |
| 16 | **82** | 24 | | |
| 17 | **157** | 94 | | |
| 18 | **101** | 56 | 4 | |
| 19 | **16** | 1 | | |
| 20 | | | | |
| 21 | **89** | 38 | | 1 |
| 22 | **68** | 17 | | |
| 23 | **59** | 19 | 1 | |
| 24 | **20** | 1 | | |

| | | | |
|---|---|---|---|
| 25 | | | |
| 26 | | | |
| 27 | | | |
| 28 | | | |
| 29 | **87** | 33 | 2 |
| 30 | **57** | 18 | |
| 31 | **44** | 3 | 3 |

**Tabelle 7**

Wie man unschwer erkennen kann, klaffen zwischen den zugestellten Sendungen und den abgerechneten Sendungen erhebliche Differenzen. Den musste auf den Grund gegangen werden. Ich schaute mir also alle Abrechnungen seit dem Januar 2018 an, stellte die laut Empfangsquittungen zugestellten Pakete den abgerechneten Paketmengen gegenüber. Mir standen schlicht und ergreifend die Haare zu Berge. Jedenfalls, die wenigen, die noch übrig sind. Werfen wir einen Blick in die Ergebnisliste (Tabelle 8 bis 10).

| | **Differenzen** | |
|---|---|---|
| Jan 18 | 39 | 64,35 € |
| Feb 18 | 810 | 1.336,50 € |
| Mrz 18 | 707 | 1.166,55 € |
| Apr 18 | 864 | 1.425,60 € |
| Mai 18 | 809 | 1.334,85 € |
| Jun 18 | 1012 | 1.669,80 € |
| Jul 18 | 1078 | 1.778,70 € |
| Aug 18 | 854 | 1.409,10 € |

| | | |
|---|---|---|
| Sep 18 | 922 | 1.521,30 € |
| Okt 18 | 1059 | 1.747,35 € |
| Nov 18 | 1852 | 3.055,80 € |
| Dez 18 | 1144 | 1.887,60 € |
| | | |
| | 11150 | 18.397,50 € |

Tabelle 8

| | Differenzen | |
|---|---|---|
| Jan 19 | 1266 | 2.088,90 € |
| Feb 19 | 85 | 140,25 € |
| Mrz 19 | 1796 | 2.963,40 € |
| Apr 19 | 729 | 1.202,85 € |
| Mai 19 | 1835 | 3.027,75 € |
| Jun 19 | 1941 | 3.202,65 € |
| Jul 19 | 1723 | 2.842,95 € |
| Aug 19 | 2132 | 3.517,80 € |
| Sep 19 | 1805 | 3.086,55 € |
| Okt 19 | 1558 | 2.664,18 € |
| Nov 19 | 1986 | 3.396,06 € |
| Dez 19 | 2390 | 4.086,90 € |
| | | |
| | 19246 | 32.220,24 € |

Tabelle 9

| | Differenzen | |
|---|---|---|
| Jan 20 | 2239 | 3.828,69 € |
| Feb 20 | 2178 | 3.724,38 € |
| Mrz 20 | 1577 | 2.696,67 € |

| | | |
|---|---|---|
| Apr 20 | 1083 | 1.851,93 € |
| Mai 20 | 1134 | 1.939,14 € |
| Jun 20 | 1941 | 3.319,11 € |
| Jul 20 | 1936 | 3.310,56 € |
| Aug 20 | 2132 | 3.645,72 € |
| Sep 20 | 2032 | 3.474,72 € |
| Okt 20 | 3622 | 6.193,62 € |
| Nov 20 | 2821 | 4.823,91 € |
| Dez 20 | 2355 | 4.027,05 € |
| | | |
| | 25050 | 42.835,50 € |

**Tabelle 10**

Die Differenz ist mit dem jeweiligen Paketpreis multipliziert, um die Schadenshöhe zu quantifizieren. Kann man da bereits von organisiertem Betrug sprechen? Wo ist denn da die von Hermes wie ein Mantra daher gebetete Transparenz? Haben die deutschen Ermittlungsbehörden denn wirklich die Richtigen im Visier, wenn sie den Subunternehmern quasi in Form einer Vorverurteilung vorwerfen, ihren gesetzlichen Verpflichtungen nicht nachzukommen? Ja klar, von was denn? Von den Fehlbeträgen in ihrer Kasse?

Erschwerend kommt dazu, dass die meisten Subunternehmer gar nicht in der Lage sind, die auf den vorangegangenen Seiten dargelegten Sachverhalte zu erfassen. Nicht, dass es an der intellektuellen Fähigkeit mangeln würde. Ich gestehe natürlich jedem zu, dass er mathematisch so ausgebildet wurde, dass er die Grundrechenoperationen beherrscht. Aber wer will und vor allem kann Papier über Papier sammeln, das scheinbar nutzlos ist, wenn der Vertragspartner immer wieder auf den Datenschutz verweist und selbstlos anbietet das nutzlose Papier zu entsorgen.

# Weitere Probleme
# Wenn der Betrug einfach weitergeht

Wenn man einmal begonnen hat zu betrügen, fällt der nächste Betrug etwas leichter, der nächste noch leichter, bis man nicht mehr darüber nachdenkt. Dann tut man bestimmte Dinge instinktiv oder unbewusst. So, wie man den Wohnungsschlüssel greift, bevor man das Haus verlässt. Es ist eine Handlung, über die man nicht nachdenken muss. Aber wenn man beispielsweise in die linke Jackentasche greift, findet man den Schlüssel. Legt man nun den Schlüssel auf den Küchentisch, statt ihn wie gewohnt an das Schlüsselbrett zu hängen, treibt einen die nachfolgende Suche Schweißperlen auf die Stirn und das Wiederauffinden des Schlüssels geschieht eher zufällig.

Das Unbewusste besitzt nämlich keinen Filter und keine Moral. Aber es lässt sich konditionieren.

In der Psychologie wird dieser Fakt leidlich ausgenutzt. Auch ich habe das bereits getan. Und zwar als ich beschloss das Rauchen aufzugeben.

Ich habe jahrelang bis 60 Zigaretten am Tag verqualmt. Und mal ganz abgesehen von sich entwickeltem Geiz – ich wollte mir das Geld einfach sparen -, ist Rauchen der Gesundheit ziemlich abträglich. Das merkt man spätestens dann, wenn bereits bei der zweiten Treppenstufe die Atmung schwer geht und zu Pfeifen beginnt. Außerdem vergeht die Lust beim Sex recht schnell wieder. Aber das ist ein anderes Thema.

Da ich bereits einen Versuch hinter mir hatte, kannte ich die psychischen Probleme bei der Nikotinentwöhnung. Ich wollte diese Probleme so gut wie möglich vermeiden. Also stand ich wochenlang morgens vor dem Spiegel und redete mit mir. Ich redete mir ein, nicht Rauchen zu müssen. Ich redete mir ein, den Geruch nach kaltem Rauch nicht ertragen zu können. Ich redete mir ein, ohne Zigaretten besser durch den Tag zu kommen. Dreißig Tage und mehr. So konditionierte ich mein Unbewusstes. Bis ich eines Tages zu mir sagte, diese Zigarette war deine letzte.

Ich habe seit diesem Tag keine Tabakwaren mehr angefasst, bin zwar kein militanter Nichtraucher, aber der Aufenthalt in der Nähe rauchender Menschen ist mir unangenehm. Das ist jetzt sechzehn Jahre her.

Warum erzähle ich das alles?

Es geht um Konditionierung. Gern auch als Gehirnwäsche bezeichnet. Jeder Mensch unterwirft sich einer solchen, wenn er eine Arbeit annimmt. Der Arbeitgeber verlangt nämlich nach der

Unterschrift unter den Arbeitsvertrag gewissen Zwängen. Bei Hermes heißt das Hermes-Verhaltenskodex. Der einfachste Zwang ist das Tragen von uniformer Arbeitskleidung. Piloten und Stewardessen. Schwesterntracht und Arztkittel. Der Overall des Klempners mit der Aufschrift Firma Röhrig Gas-Wasser-Scheiße. Die gelb-schwarze Kluft der Christel von der Post. Die blaue Hermes-Kleidung. Selbst bei großen Handelsketten werden die Mitarbeiter mit Kundenkontakt häufig mit einheitlicher Arbeitskleidung ausgestattet. Abwicklungsvorschriften schaffen eine ebensolche Konditionierung. Sie werden gern als Routinen bezeichnet. Diese Routinen geben den Angestellten Sicherheit, erlauben ihnen sich an erlernten oder antrainierten Methoden entlang zu hangeln.

Auch ich nutzte dieses Verfahren. Bevor ein Bewerber durch mich einen Arbeitsvertag erhielt, absolvierte er ein Praktikum. Ich verlange zehn Werktage. Für gewöhnlich genehmigt das Jobcenter oder die Agentur für Arbeit eine solche Arbeitserprobung. Weniger als zehn Werktage sind nicht sinnvoll, weil das Praktikum einen bestimmten Aufbau hat, der nach seinem Ablauf klare Aussagen darüber ermöglicht, ob der Bewerber für diese Tätigkeit geeignet ist oder nicht. Dazu lasse ich den Bewerber zwei Tage mit einem versierten Fahrer eine Tour absolvieren. Auch dabei ist zu beachten, dass nicht jeder gute Fahrer auch ein guter Lehrer bzw. Ausbilder ist. Einige meiner Mitarbeiter können das jedoch. Sie verfügen über eine schier endlose Geduld und erklären die Tätigkeit anschaulich. Dabei erfahren sie natürlich auch jede Menge Dinge. Wie kommunikativ ist der

Bewerber? Bringt er sich ein? Nach spätestens zwei Stunden sollte der Bewerber das Equipment selbst in der Hand halten und unter Aufsicht Paketzustellungen selbst abwickeln. Natürlich ist das etwas anderes als selbst und allein, scheinbar ohne Verbindung zu einem Menschen, den man fragen kann, unterwegs zu sein. Deshalb fährt der Bewerber ab dem dritten Tag mit zunächst geringer Last selbst. Am ersten und zweiten Tag hat er als Begleiter mit einem qualifizierten Fahrer unter Aufsicht gearbeitet. Jetzt bekommt er die Verantwortung für eine halbe Tour übertragen. Also statt mit ca. 120 wird er mit 60 – 70 Paketen losgeschickt.

Und er scheitert regelmäßig.

In der Regel wird er zwischen 30 und 40 **Pakete** zustellen. Mehr nicht. Das wird den Bewerber deprimieren. Ich nehme ihm deshalb die Angst, indem ich darauf hinweise, bei meiner ersten Tour auch nicht besser gewesen zu sein. Am Folgetag wird der so motivierte Bewerber 10 – 15 Pakete mehr an den Mann oder die Frau bringen. Der Einfachheit halber lasse ich ihn dieselbe Tour fahren wie am Vortag. Damit ist die erste Woche abgeschlossen. Der Samstag ist arbeitsfrei, der folgende Montag ebenso. Dienstag bis Samstag erfolgt nun der eigentlich wichtige Teil der Ausbildung. Nach Ablauf dieser Woche muss der Bewerber die ca. 70 Pakete innerhalb der Kernarbeitszeit von 6 Zeitstunden abwickeln. Das bedeutet: Am ersten Tag (ca. 30 zugestellte Pakete) schafft er 6 Zustellungen pro Stunde. Am letzten Tag des Praktikums mehr als 10 Zustellungen pro Stunde. Dann lohnt der Aufwand, den Bewerber weiter auszubilden, denn er muss schließlich 20 Zustellungen pro Stunde schaffen. Dazu muss er üben, üben, üben. Nach etwa vier Wochen bewältigt er problemlos 100 Pakete pro Tag. Sechs bis acht Wochen vergehen und der Bewerber kann einen versierten Fahrer ersetzen. Auf diese Art und Weise gelang mir die Entwicklung der Firma. Ich konditionierte meine Angestellten.

Ähnlich verfährt Hermes mit der Aus- und Weiterbildung seines Führungspersonals. Jeder Hermes Mitarbeiter wird ihnen erklären, das Hermes-Computersystem sei absolut manipulationssicher. Das ist genau der Moment, an dem bei mir alle Alarmglocken zu läuten beginnen. Warum erzähle ich das?

Der Begriff absolut bedeutet: umfassend, alles, ohne Ausnahme. Es gibt jedoch immer Ausnahmen. Die berühmte Einzelfallentscheidung. Also gibt es absolut nicht. Es gibt weitestgehend, fast, für gewöhnlich. Und es gibt technische Probleme.

Solch ein technisches Problem hatten wir im November 2020. Der Scanner konnte wegen Hardware- oder Softwareproblemen die Tour 78 nicht abschließen. Der technische Support erklärte mir, die Tour werde im Dezember nachberechnet.

Gut. Ok. Natürlich.

Aber das Vertrauen in den Partner ist inzwischen so erschüttert, dass die Abrechnung einer eingehenden Prüfung unterzogen wird. Betrachten wir den Anhang 5 und nur die Touren in denen tatsächlich Pakete der Abrechnungsklasse 110 angefallen sind (Tabelle 11). Das sind Eilsendungen die an einem Samstag zugestellt werden müssen. Die Summe dieser

Abrechnungsklasse im Monat Dezember 2020 ist also 280 Pakete. Unschwer ist außerdem zu erkennen, dass am 01.12.2020 keine Pakete der Abrechnungsklasse 110 angefallen sein können (Bild 5). Der 01.12.2020 war nämlich ein Dienstag. Natürlich kann eine Nachberechnung der nicht abgeschlossenen Tour aus dem November erfolgen.

Abrechnung nach Abrechnungsklassen / DEP Erfurt (2050)  / Datum: 01.12.2020 bis 31.12.2020

| Tour | Tourdatum | 0 | 100 | 101 | 102 | 103 | 107 | 110 | 113 | 114 | 116 | 118 | 120 | 121 | 122 | 123 | 124 | 160 | 162 | 163 | 164 | 165 | 166 | 167 | 170 | 171 | 172 | 400 |
|---|---|---|---|---|---|---|---|---|---|---|---|---|---|---|---|---|---|---|---|---|---|---|---|---|---|---|---|---|
| 70 | 19.12.2020 |  | 106 |  |  |  |  | 10 |  | 1 |  |  |  |  |  |  |  |  |  |  |  |  |  |  |  |  |  |  |
| 72 | 05.12.2020 |  | 86 |  |  |  |  | 4 |  |  |  |  |  |  |  |  |  |  |  |  |  |  |  |  |  |  |  | 22 |
| 73 | 05.12.2020 |  | 85 |  |  |  |  | 6 |  |  |  |  |  |  |  |  |  |  |  |  |  |  |  |  |  |  |  | 10 |
| 73 | 12.12.2020 |  | 92 |  |  |  |  | 16 |  | 5 | 1 |  |  |  |  |  |  |  |  |  |  |  |  |  |  |  |  | 5 |
| 73 | 19.12.2020 | 1 | 96 |  |  |  |  | 5 |  |  |  |  |  |  |  |  |  |  | 1 | 1 |  |  |  |  |  |  |  | 5 |
| 74 | 05.12.2020 |  | 90 |  |  |  |  | 11 |  | 1 |  |  |  |  |  |  |  |  |  |  |  |  |  |  |  |  |  |  |
| 74 | 12.12.2020 |  | 89 |  |  |  |  | 11 |  | 4 |  |  |  |  |  |  |  |  |  |  |  |  |  |  |  |  |  | 3 |
| 74 | 19.12.2020 |  | 97 |  |  |  |  | 9 | 1 |  |  |  |  |  |  |  | 1 |  |  |  |  |  |  |  |  |  |  | 2 |
| 75 | 12.12.2020 |  | 95 |  |  |  |  | 7 |  | 1 | 1 |  |  |  |  |  |  |  |  |  |  |  |  |  |  |  |  | 5 |
| 76 | 05.12.2020 |  | 71 |  |  |  |  | 8 |  |  | 1 |  |  |  |  |  |  |  |  |  |  |  |  |  |  |  |  | 6 |
| 76 | 12.12.2020 |  | 73 |  |  |  |  | 15 |  |  |  |  |  |  |  |  |  |  |  |  |  |  |  |  |  |  |  | 10 |
| 76 | 19.12.2020 |  | 72 |  |  |  |  | 5 |  | 2 |  |  |  |  |  |  |  |  |  |  |  |  |  |  |  |  |  | 11 |
| 77 | 05.12.2020 |  | 84 |  |  |  |  | 10 | 1 |  |  |  | 1 |  |  |  |  |  |  |  |  |  |  |  |  |  |  | 7 |
| 77 | 12.12.2020 |  | 110 |  |  |  |  | 12 | 1 |  | 1 |  |  |  |  |  |  |  |  |  |  |  |  |  |  |  |  | 10 |
| 77 | 19.12.2020 |  | 89 |  |  |  |  | 14 |  | 1 | 1 |  |  |  |  |  |  |  |  |  |  |  |  |  |  |  |  | 5 |
| 78 | 05.12.2020 |  | 95 |  |  |  |  | 6 |  | 3 |  |  |  |  |  |  |  |  |  |  |  |  |  |  |  |  |  | 1 |
| 78 | 19.12.2020 |  | 80 |  |  |  |  | 13 |  | 1 |  |  |  |  |  |  |  |  |  |  |  |  |  |  |  |  |  | 3 |
| 81 | 05.12.2020 | 1 | 76 |  |  |  |  | 10 |  | 1 |  |  |  |  |  |  |  |  |  |  |  |  |  |  |  |  |  |  |
| 81 | 12.12.2020 |  | 90 |  |  |  |  | 21 |  | 1 |  |  |  |  |  |  |  |  | 1 | 5 | 7 |  |  |  |  |  |  | 2 |
| 81 | 19.12.2020 |  | 82 |  |  |  |  | 15 |  |  |  |  |  |  |  |  |  |  |  |  |  |  |  |  |  |  |  | 4 |
| 84 | 05.12.2020 |  | 81 |  |  |  |  | 9 |  |  |  |  |  |  |  |  |  |  |  |  |  | 1 | 2 |  |  |  |  | 9 |
| 84 | 12.12.2020 |  | 86 |  |  |  |  | 13 |  |  |  |  |  |  |  |  |  |  |  |  |  |  |  |  |  |  |  | 9 |
| 84 | 19.12.2020 |  | 92 |  |  |  |  | 13 |  |  |  |  |  |  |  |  |  |  |  |  |  | 1 | 3 |  |  |  |  | 12 |
| 86 | 05.12.2020 |  | 40 |  |  |  |  | 2 |  |  | 1 |  |  |  |  |  |  |  | 2 | 10 | 156 |  |  |  |  |  |  | 4 |
| 86 | 12.12.2020 |  | 74 |  |  |  |  | 12 |  | 3 |  |  |  |  |  |  |  |  | 2 | 4 |  |  |  |  |  |  |  | 17 |
| 86 | 19.12.2020 |  | 82 |  |  |  |  | 7 |  |  |  |  |  |  |  |  |  |  | 1 | 1 |  |  |  |  |  |  |  | 14 |
| 91 | 05.12.2020 |  | 78 |  |  |  |  | 5 |  |  |  |  |  |  |  |  |  |  |  |  |  |  |  |  |  |  |  | 5 |
| 91 | 12.12.2020 |  | 86 |  |  |  |  | 8 |  |  |  |  |  |  |  |  |  |  |  |  |  |  |  |  |  | 1 |  | 16 |
| 91 | 19.12.2020 |  | 89 |  |  |  |  | 3 |  |  |  |  |  |  |  |  |  |  |  |  |  |  |  |  |  |  |  | 20 |
|  |  | 9 | 19.855 | 1.984 | 2 | 1 | 5 | 280 | 15 | 555 | 110 | 156 | 7 | 5 | 3 | 3 | 13 | 35 | 413 | 1.812 | 12.978 | 13 | 33 | 2 | 10 | 1 | 1 | 1.986 |

**Tabelle 11**

| ourdatum | Buchung | 100 | 101 | 102 | 110 |
|---|---|---|---|---|---|
| .12.2020 | 01.12.2020 | 107 | 13 | | |
| .12.2020 | 01.12.2020 | 102 | 18 | 2 | |
| .12.2020 | 01.12.2020 | 83 | 20 | | |
| .12.2020 | 01.12.2020 | 109 | 14 | | |
| .12.2020 | 01.12.2020 | 84 | 10 | | |
| .11.2020 | 01.12.2020 | 92 | | | 18 |
| .12.2020 | 01.12.2020 | 78 | 18 | | |
| .12.2020 | 01.12.2020 | 14 | | | |
| .12.2020 | 01.12.2020 | 102 | 20 | | |
| .12.2020 | 01.12.2020 | | | | |
| .12.2020 | 01.12.2020 | 66 | 11 | | |
| .12.2020 | 01.12.2020 | 5 | 1 | | |
| .12.2020 | 01.12.2020 | 76 | 16 | | |

**Bild 5**

Dann müssen jedoch die 18 Pakete der Abrechnungsklasse 110 in der Abrechnung auftauchen (Bild 6). Was sie nicht tun. Es werden 281 Pakete in dieser Abrechnungsklasse vergütet. Der Differenz von einem Paket mehr ergibt sich aus der Tour 90, die durch den verantwortlichen Hermes-Mitarbeiter in der Tagesauswertung schlicht „vergessen" wurde.

**2050 Depot Erfurt [113 - HG]**

**Abrechnungsmonat:** 12.2020

**BeschaffungskontraktNr:** 120-BK00010545 Handelsvertretung
Stefan  Sommer

| | Menge | Betrag | Ø Preis |
|---|---|---|---|
| 200000000 Kl. 000 Sendung ohne Avis | 9 | 5,76 | 0,64 EUR |
| 200000100 Kl. 100 Standardleistung | 19.887 | 34.006,77 | 1,71 EUR |
| 200000101 Kl. 101 Eilsendung Standard | 1.987 | 3.397,77 | 1,71 EUR |
| 200000102 Kl. 102 Kataloge mit Quittung | 2 | 3,42 | 1,71 EUR |
| 200000103 Kl. 103 Wunschtermin Standard | 1 | 1,71 | 1,71 EUR |
| 200000107 Kl. 107 Premiumservice | 5 | 16,00 | 3,20 EUR |
| 200000110 Kl. 110 Eilsendung Samstag | 281 | 480,51 | 1,71 EUR |
| 200000113 Kl. 113 Identservice | 16 | 32,00 | 2,00 EUR |
| 200000114 Kl. 114 Mitnahmeretouren | 555 | 666,00 | 1,20 EUR |
| 200000116 Kl. 116 Abholretouren | 110 | 188,10 | 1,71 EUR |
| 200000118 Kl. 118 Eilsendung Montag | 156 | 266,76 | 1,71 EUR |
| 200000120 Kl. 120 Kataloge/Briefe bis 200 g | 7 | 2,59 | 0,37 EUR |
| 200000121 Kl. 121 Kataloge/Briefe bis 400 g | 5 | 1,85 | 0,37 EUR |
| 200000122 Kl. 122 Kataloge/Briefe bis 600 g | 3 | 1,11 | 0,37 EUR |
| 200000123 Kl. 123 Kataloge/Briefe bis 800 g | 3 | 1,32 | 0,44 EUR |
| 200000124 Kl. 124 Kataloge/Briefe bis 1.200 g | 13 | 6,37 | 0,49 EUR |
| 200000160 Kl. 160 Privatservice Mitnahme am Paketshop | 35 | 42,00 | 1,20 EUR |
| 200000162 Kl. 162 Paketshop - Stopps | 413 | 826,00 | 2,00 EUR |
| 200000164 Kl. 164 Paketshop - Sendungen ab 5 | 12.978 | 6.489,00 | 0,50 EUR |
| 200000165 Kl. 165 Prop - Stopps | 13 | 21,45 | 1,65 EUR |
| 200000167 Kl. 167 Prop - Sendungen ab 5 | 2 | 0,60 | 0,30 EUR |
| 200000170 Kl. 170 DB-Kuriergepäck Standard | 10 | 17,10 | 1,71 EUR |
| 200000171 Kl. 171 DB-Kuriergepäck Samstag | 1 | 1,71 | 1,71 EUR |

Hermes Germany GmbH AG Hamburg HRB 108245 USt.-Ident-Nr. DE263 537 541 Geschäftsführer Olaf Schabirosky (Vorsitzender), Dennis Kollmann, Marco Schlüter, Hendrik Schneider
Vorsitzender des Aufsichtsrates Kay Schiebur Bankverbindung Hamburger Sparkasse (IBAN): DE32 2005 0550 1200 1300 87 (BIC): HASPDEHHXXX

**Bild 6**

Allerdings wurde auch vergessen, die nachberechnete Tour vom 28.11.2020 einzufügen, denn dann müssten die Summe der Pakete in der Abrechnungsklasse 110 ja 299 betragen. Tut sie aber nicht. Dieselbe Rechnung könnte man jetzt für die Abrechnungsklasse 100 anstellen. Das ist etwas aufwendiger, weil diese Abrechnungsklasse täglich anfällt. Im Ergebnis würde man erkennen die 92 Pakete dieser Abrechnungsklasse fehlen schlichtweg auch. Ich sprach den technischen Support darauf an und bekam die Antwort, das könne er sich nicht vorstellen. Ich kann es mir nicht nur vorstellen, sondern gerichtsverwertbar belegen.

So langsam fühlte ich mich persönlich beleidigt. Es reicht demnach bei den straff konditionierten Mitarbeitern bei Hermes nicht, bereits Fehler im System aufgedeckt zu haben. Der Glaube an die Allmacht des absolut manipulationssicheren Computersystems ist offenbar genauso dogmatisch wie im mittelalterlichen Katholizismus, die Erde sei eine Scheibe und der Mittelpunkt des Universums.

Na gut! Rechnung über den Fehlbetrag schreiben plus zwei Stunden für den eigenen Aufwand.

Ein paar Tage später trat ein anderes Problem auf (Anhang 9). Wir schreiben den 16.01.2021. Meine Mitarbeiterin schickt 2 Fahrer mit derselben Tour Nummer aus der Niederlassung. Allerdings bemerkt sie ihren Fehler erst, als die Fahrer ihre Arbeit bereits begonnen haben. Sie informiert den technischen Support, aber in diesem Moment ist nichts mehr am Fehler zu reparieren. Beide Fahrer haben ihre Pakete auf die Tour Nummer 73 gescannt. Insgesamt 202 Pakete. Soweit alles richtig. Dann sollte auch jedes zugestellte Paket in der Empfangsquittung auftauchen. Es werden jedoch nur 42 zugestellte Pakete ausgewiesen und darüber hinaus 130 Pakete, die angeblich im Rücklauf gefehlt haben, also physisch nicht vorhanden, weil ja zugestellt waren.

Es gab ein langes Lamento des technischen Supports, was sinnlos, weil wenig bis gar nicht zielführend zur Lösung aus diesem Dilemma war. Ich wollte wissen, wieviel Pakete tatsächlich zugestellt waren. Wir druckten dazu zunächst einmal den MEDEA-Tourenbericht aus, ein umfangreiches Dokument von 30 Seiten, welches sekundengenau die Tätigkeit des Fahrers belegt. Im Anhang 7 ist zur Illustration die erste und letzte Seite dieses Dokumentes abgebildet. Die Auswertung des MEDEA-Tourenberichtes ergab völlig andere Zahlen, sodass ich zur Sicherheit und abschließenden Prüfung dem technischen Support vorschlug, jeden einzelnen Barcode zu prüfen. Damit konnte für jedes Paket nachgewiesen werden, ob es zugestellt, ein Rücklauf N oder ein Rücklauf Z war. Eine Mitarbeiterin meiner Firma opferte für diese Arbeit einen freien Tag.

Sie wertete noch am selben Tag, an dem sie die gesamten Barcodes prüfte das Ergebnis mit dem technischen Support aus (Anhang 8). Die Zahlen rechts mit der anderen Handschrift wurden durch den technischen Support eingefügt. Allerdings frage ich mich, warum dann in der Abrechnung folgende Paketmengen in den angefallenen Abrechnungsklassen zu finden waren (Tabelle 12)

| Tour | Tourdatum | | 100 | 101 | 110 | 114 | 116 |
|---|---|---|---|---|---|---|---|
| 73 | 16.01.21 | | 32 | | 10 | 2 | 1 |

**Tabelle 12**

Inzwischen war ich überzeugt, dass hier keine Fahrlässigkeit oder schlichtes Unvermögen vorlag. Das war und ist für mich Vorsatz.

# Verhalten im Zusammenhang mit Packmee
## Wie Hermes mir mit unterdrückter Information, vermeidbare Mehrkosten verursachte

Mit der Unterzeichnung des Vertrages zur Paketdistribution wurde eine Vereinbarung darüber geschlossen, Sendungen des ATG Texaid, die über die Hermes-Paketshops eingesammelt wurden, in deren Zentrale nach Apolda zu bringen. Texaid sammelt bundesweit gebrauchte Textilien ein, die einer Zweitnutzung oder einem Recycling zugeführt werden. Der Niederlassungsleiter sprach in diesem Zusammenhang von 40 – 50 Paketen pro Woche, die montags durch einen Fahrer mitgenommen werden sollten. Nun habe ich meine Firma so strukturiert, dass Sonderabwicklungen durch einen Fahrer übernommen werden. Wir laden nämlich in Wandersleben und stellen in und um Weimar zu. Da fallen jeden Morgen bereits an die einhundert Kilometer Fahrtstrecke an. Dem

Gebot der Vermeidung von Treibhausgasen entsprechend, versuchen wir natürlich vermeidbare Fahrtstrecken zu vermeiden. Also gibt es eine Sondertour, die alle Paketshops bedient, und einen Rücklauffahrer, der die Sendungen in der Niederlassung zurückrechnet, die nicht beim Empfänger abgegeben werden konnten.

Montags nahm also die Sondertour die Packmee-Pakete mit und lieferte sie in Apolda ab. Das funktionierte etwa zwei Monate recht ordentlich. Danach musste ich feststellen, dass die Menge der Packmee-Pakete montags das gesamte Ladevolumen des eingesetzten Transporters benötigte. Ja, die Paketmenge überstieg sogar das Ladevolumen. Nun hatte ich vorsorglich zwei Preise für die Packmee-Abwicklung vereinbart. Einen niedrigeren als Beiladung und einen höheren als Sonderfahrt. Der Anteil der Sonderfahrten stieg stetig und bereits nach wenigen Monaten musste ich feststellen, es waren zwei bis drei Sonderfahrten pro Woche nötig, die anfallende Paketmenge zu bewältigen. Das konnte die Sondertour natürlich nicht mehr leisten. Zumal eine Frau diese Tour abdeckte und die Packmee-Pakete recht schwer waren. Die Abrechnung mit Texaid erfolgte außerdem nach Gewicht.

An dieser Stelle fing die Rechnerei an. Ein Mann, der diese Arbeit übernehmen wollte, war schnell gefunden. Die Frage war, konnte er auch kostendeckend eingesetzt werden. Schließlich benötigte er für die Arbeit einen Transporter, der Miete und Kraftstoff kostete. Außerdem war zu klären, ob meine Zulassungen für diese Aufgabe ausreichten. Sie taten es und ich entschied mich, einen weiteren Mitarbeiter für diese Aufgabe einzustellen und einen zusätzlichen Transporter anzumieten, der etwa 150 Packmee-Pakete laden konnte, was ungefähr einer Tonne Gewicht entsprach. Wir sind inzwischen bei einer Paketmenge von 500 – 600 Paketen pro Woche. Das hat mit den anfangs angekündigten 40 – 50 Pakten nicht mehr viel zu tun. Das ist die zehnfache Menge.

Nun ist es bei Hermes nicht üblich und auch nie üblich gewesen, mit dem Vertragspartner zu sprechen, wenn sich die Bedingungen zu denen bei Vertragsunterzeichnung entscheidend ändern. Es wird also nicht gefragt: Kannst du vier oder fünf Fahrten pro Woche mit deiner Mannschaft abdecken? Müssen wir andere Rahmenbedingungen schaffen? Es wird stattdessen gesagt: Du musst die Packmee-Pakete wegfahren.

Das haben wir getan. In der Regel fuhr der neue Mitarbeiter statt der geplanten zwei drei oder vier Touren von Wandersleben nach Apolda. Die Rechnung wurde monatlich gestellt und bezahlt. Bis zum Juli 2020.

Am 01. und am 03.07.2020 waren noch jeweils 150 Packmee-Pakete da gewesen und wir waren froh, die wöchentliche Paketmenge bewältigt zu haben. Als der Fahrer am 06.07.2020 zur Arbeit erschien, war nicht ein Paket in der Niederlassung angekommen. Ich fragte natürlich beim technischen Support nach. Äh ja, da sei vor einigen Tagen die Information gekommen, dass Hermes das Packmee-Geschäft einstellt.

Das ist für gewöhnlich der Moment im Kolportageroman von Hedwig Curths-Mahler der gut aussehende Jüngling die Dame fragt, die er kotzend über die Kloschüssel gebeugt auffindet: Wann wolltest du es mir sagen? Auch ich habe diesen Satz in einem meiner Bücher verwendet und verwendete ihn gegenüber dem technischen Support. Allerdings in etwas abgewandelter Form. Was glaubst du, wie vertrauenerweckend es ist, hinterher zu erfahren, dass bei Hermes Entscheidungen getroffen wurden, die den Vertragspartner ebenfalls betreffen?

So eine Miene völliger sozialer Inkompetenz kann sehr frustrierend sein. Leider darf man in diesem Land seine Besser-tot-Liste nicht ungestraft abarbeiten. Schade eigentlich. Aber auch das hat etwas mit Konditionierung des Unbewussten zu tun, die sich in der Nomenklatur des Unternehmens widerspiegelt. Für meine Angestellten ist Hermes und damit seine Mitarbeiter der Auftraggeber, was automatisch zu einer **Respekthaltung** führt. Bis zur Vertragsunterzeichnung ist der Nachauf-tragnehmer ein Vertragspartner, was Begegnung auf Augenhöhe suggeriert. Im täglichen Sprach-gebrauch ist der Vertragspartner jedoch nur ein Erfüllungsgehilfe. Das kann man auch mit Diener, Lakai, Sklave oder Nigger übersetzen. Je nachdem wie niedrig das eigene Niveau anzusetzen ist.

Da der Mitarbeiter für die Packmee-Pakete von einem Tag auf den anderen überzählig war und er auch bereits seine Probezeit von sechs Monaten erfolgreich absolviert hatte und ich deshalb an gesetzliche Kündigungsfristen gebunden war, stand ich vor einem Problem. Die Lösung hätte langfristig vorbereitet werden können. Aber dazu müsste man rechtzeitig mit Informationen versorgt werden. Ja, ja, der Konjunktiv.

Aber die Information an den Vertragspartner zu geben: Der Vertrag mit Texaid läuft aus oder musste neu verhandelt werden. Das ist aber gescheitert, so dass ab dem Tag x keine Packmee-Touren mehr nötig werden. Das ist wirklich zu viel verlangt. Ähnlich wie bei Hedwig Curths-Mahler. Denn Männer plagt in der Schwangerschaft keine morgendliche Übelkeit. Sollte man Hermes die durch die unterlassene Information angefallenen Kosten in Rechnung stellen? Ich denke ja, weil auch in diesem Fall durchaus von Vorsatz ausgegangen werden muss. Schließlich kann nicht alles mit der Inkompetenz des eigenen Personals erklärt werden. Dann müsste man sich ja um kompetenten Ersatz kümmern.

# KISS-Vorgänge

Worüber reden wir in diesem Kapitel?

Leider hat KISS nichts mit der englischen Sprache zu tun. Auch nicht mit der amerikanischen Rockband. Der Begriff KISS beschreibt bei Hermes die unschönen Dinge der Reklamation.

Was wird denn so reklamiert? Und vor allem: wer reklamiert?

Beginnen wir mit der zweiten Frage. Die Stadt Weimar ist Kultur- und Universitätsstadt. Sie beherbergt demnach viele Studierende unterschiedlichster Nationalität. Die meisten Probleme mit den Zustellungen haben meine Fahrer in den Studierendenwohnheimen. Dort gibt es den meisten Rücklauf N. Die Studierenden halten sich tagsüber nämlich bei Lehrveranstaltungen auf, die da Vorlesungen,

Seminare oder Praktika heißen. Sie sind also zu den Zustellzeiten schlicht nicht anwesend. Für die Briefpost gibt es Briefkästen und selten ist mal ein hilfsbereiter Studierender aus dem Nachbarzimmer da, weil er gerade an einer Belegarbeit schreibt.

Während meiner Studienzeit gab es im Wohnheim einen studentischen Kontrolldienst, der die Zimmerschlüssel verwaltete, wie die Rezeption in einem Hotel, und der – richtig! – die Post entgegen nahm. Vielleicht sind solche Dinge heute unzumutbar. Zumindest würden sie aber die Arbeit der vielen Postdienstleister erleichtern und anschließende Reklamationen minimieren, die auftreten, weil der arabisch sprechende Studierende, sich bei der Mandarin sprechenden Studierenden nicht verständlich machen kann. Nicht mal in englischer Sprache.

Aber es gibt auch andere Reklamationen.

Diese laufen nach dem immer gleichen Schema ab. Der Kunde ruft bei Hermes an und erklärt, er habe sein Paket nicht erhalten. Daraufhin schaut die Reklamationsabteilung in das System und erhält eine Sendungshistorie zu der jeweiligen Sendung (Anhang 12). Das interessante an dieser Historie ist: In praktisch allen Fällen hat die betreffende Sendung eine SEZ. Das bedeutet das Paket wurde durch den Fahrer ordnungsgemäß beim Empfänger oder einem Nachbarn zugestellt. In unserem Beispiel hat die Tour 85 am 11.03., um 12:25 Uhr die Sendung beim Empfänger angegeben, der Empfänger hat auf der Sendung quittiert und als Beleg wurde die Unterschrift fotografiert. Genau das verlangt das Hermeshandbuch für eine sach- und fachgerechte

Zustellung. Wenn man als Vertragspartner nun denkt, mit der sach- und fachgerechten Ausführung der Zustellung ist man aus Haftung entlassen, irrt man gewaltig. Jetzt geht der Spaß erst richtig los. In der Email, die man daraufhin erhält, steht nämlich folgender Satz:

Der Verbleib dieser SE ist im CS an Hand der vorliegenden Daten mit dem KD nicht zu klären. Zur Erläuterung der Abkürzungen: Der Bearbeiter bei Hermes kann durch seine Arbeit (den Blick in den Computer (CS)) dem Empfänger (KD) nicht erklären, wo sich das Paket (SE) befindet. Natürlich kann er das nicht. Wie auch? Die Sendung ist nämlich beim Empfänger. Der Fahrer muss nun erklären, seine Arbeit ordentlich gemacht zu haben. Warum gibt es hier eine Beweislastumkehr?

Eine ganze Weile habe ich diese Reklamationen so direkt als Betrugsanzeige an die Polizei weiter gereicht. Daraufhin wurde ich in die Polizeiinspektion Weimar vorgeladen und durch den Dienststellenleiter persönlich befragt. Ob ich glaube, die Polizei habe nichts zu tun? Er erklärte ganz unumwunden, die Täter seien immer die Zusteller. Erst kürzlich habe seine Dienststelle einen Täter bei DHL ermittelt, der Handys gestohlen habe. Ich habe ihm daraufhin erklärt, das sei schade für DHL. Meine Erfahrungen seien jedoch gegensätzlich. Seine Kollegen aus Erfurt hätten nämlich bereits Empfänger ermittelt, die stets und ständig dreist behaupteten, ihre Sendungen nicht oder nur unvollständig erhalten zu haben. Die angeblich fehlenden Gegenstände boten die betrügerischen Empfänger dann bei Ebay zum Verkauf an. Ob er vielleicht für kollegialen

Erfahrungsaustausch empfänglich sei? Meine Strafanzeigen wurden jedoch nie aufgeklärt, die Verfahren inzwischen eingestellt. Das bedeutet für mich, aufgeklärte Fälle gibt es nur im Fernsehen. Und die Kultbeamten Baumann und Klausen haben, was die Arbeitsmoral betrifft, einen riesigen Vorsprung vor ihren echten Kollegen. Mein inzwischen leider verstorbener Großvater wies mich gern darauf hin, dass Recht haben und Recht bekommen zwei sehr unterschiedliche Dinge seien. Er hatte Recht und ich weiß inzwischen auch, dass es keinen Gott gibt, denn er würde viele Dinge, die auf dieser Welt passieren nicht dulden. Besser gesagt, nicht dulden können.

Bleibt der Empfänger stur bei seiner Behauptung, das Paket habe er nicht bekommen, haftet der Vertragspartner. Er steht nämlich unter Gene-ralverdacht. Dann bekommt er nettes Schreiben (Anhang 9), in dem ihm erklärt wird, welche Pakete er schuldhaft verschlampt hat, und bei der nächsten Abrechnung ist der Nettowert der Sendung von seiner Abrechnung abgezogen. Der Vertragspartner kann sich gar nicht wehren.

Rekapitulieren wir noch einmal.

Die Reklamation geht an einer Stelle ein, die nicht in der Lage ist, den Verbleib zu klären. Warum habe ich keine Stelle, die den Verbleib klären kann? Momentan werden so einfach nur Ressourcen gebunden, die für die Arbeit am Kunden (sprich die Paketzustellung) nicht zur Verfügung stehen. In diesem Fall: Das Paket wurde dem Empfänger zugestellt. Stattdessen beschäftige ich eine ganze Abteilung, die in den Computer schaut und hinterher Emails verschickt. Kosten-

oder Effizienzaspekte scheinen da keine Rolle zu spielen. Eher erinnert das an David Graebers scharfsinnige Analyse über die Gefährdung unserer Gesellschaft, die unter dem Titel „Bullshitjobs" erschienen ist.

Ich bin jedenfalls jede Menge Touren selbst gefahren und habe genügend dieser „Sendungsklärungen" bearbeitet, um zu wissen, was sinnvoll ist und was nicht. Sendungsklärungen betreffen in einer Vielzahl der Fälle hilflose Menschen und laufen wahrscheinlich so oder so ähnlich ab: Hast du dein Paket bekommen? – Welches Paket denn? – Na, deine Otto-Bestellung? – Nicht, dass ich wüsste? Danach erfolgt der Anruf bei Hermes und es folgt das Email mit dem Satz: Der Verbleib dieser SE ... usw. Ein Freund / Bekannter / Familienangehöriger / Nachbar will nur helfen. Vielleicht hat er oder sie schlechte Erfahrungen gemacht, ist einem unfreundlichen Paketzusteller begegnet oder einfach nur neidisch, dass die Fahrer bei ihrer Oma / Tante / Freundin / Bekannten einfach besser drauf sind als bei ihr selbst. Die Motivation für die Arbeit ist höher. Sie sind kommunikativ, erzählen auch etwas über sich selbst, wo sie herkommen, was sie antreibt. Sie können das so ausdrücken, dass auch Oma Hilde alles versteht und sich wünscht, dass ihr Lieblingsausländer immer die Pakete bringt. Das funktioniert leider nicht flächendeckend.

Wenn der hilfsbereite Bekannte / Nachbar nur die richtigen Fragen gestellt hätte. Die Verpackung der gesuchten Sendung liegt nämlich gut sichtbar im Müll und den Sendungsinhalt trägt die Empfängerin bereits am Leib. Hinzu kommen die

Fälle, in welchen der Empfänger einfach unzufrieden mit dem Auftreten des Zustellers war. Ich habe auch schon die Antwort bekommen: Ich will aber, dass der Fahrer bestraft wird! Warum auch immer! Vielleicht stampft frau dazu mit dem Fuß auf. Das machen bockige Kinder gern. Ich gab damals zur Antwort, dass sie so lange keine Pakete mehr bekäme, bis die Sache geklärt sei, weil sie mit der Beschwerde mich bestrafe und nicht meinen Angestellten und ich sei nun ihr erklärter Feind. Sie glauben gar nicht, wie schnell die Menschen reagieren, wenn zwei oder drei Pakete als „Annahme verweigert" zum Versandhaus zurückgehen. Die Fragen des Versandhauses an den Besteller sind wahrscheinlich recht unangenehm. Schließlich ist die Antwort ja nicht so einfach wie bei Amazon. Man gibt an, mit welchem Zustellservice man beliefert werden möchte, sagt mit DHL in den DHL-Shop oder Hermes in den Hermes-Paketshop, der Amazon-Zusteller bringt dann das Paket in den entsprechenden Shop und wundert sich, dass der dortige Mitarbeiter die Annahme verweigert. Wie soll der nämlich seinem Chef erklären, dass er während seiner Arbeitszeit ehrenamtliche Tätigkeiten ausführt, indem er von Amazon Pakete annimmt, die der Chef gar nicht bezahlt bekommt? In diesem Fall würde ich Analphabetismus als Ursache nicht ausschließen wollen. Also bei Amazon natürlich. Offenbar ist die vollmundige Erklärung, Kundenzufriedenheit sei oberste Maxime des eigenen Handelns, bei Zustelldiensten nichts weiter als haltloses Geschwätz.

Inzwischen wurde zumindest bei Hermes das Verfahren so geändert, dass eine eidesstattliche Versicherung des Fahrers genügt, die Beweislastumkehr aufzuheben.

Gehen wir die KISS-Vorgänge also nochmals durch.

Reklamationen gibt es und wird es immer geben. Das Paket kommt gar nicht an. Der Fahrer benimmt sich ungehörig. Das Paket wird zu spät geliefert. Die falschen Waren befinden sich im Paket. Allerdings ist die Hotline von Hermes der völlig falsche Ansprechpartner, die Hotline des Versandhauses, bei dem die Ware bestellt wurde, wahrscheinlich ebenfalls. In den meisten Fällen verpackt das Versandhaus die Ware gar nicht mehr selbst. Das machen Nachauftragnehmer für einen schmalen Taler. Dementsprechend ist die Qualität der Arbeit. Aber selbst bei eigenen Mitarbeitern können Fehler passieren. Das ist so und wird sich auch nicht ändern. Eine hervorragende Motivation der eigenen Mitarbeiter kann die Fehlerquote minimieren.

Beispiel: Toyota spart sich die Qualitätskontrolle, weil jeder Mitarbeiter das Band anhalten darf, wenn er Probleme im Produktionsablauf feststellt. Bei meiner letzten Urlaubsreise mit dem eigenen PKW fuhr ich an drei oder vier Pannenautos vorbei. Da war kein Toyota darunter. Nur deutsche Marken. Woran das wohl liegt?

Die Polizei oder Justiz sind auch keine richtige Hilfe, wie mein Gespräch mit dem Dienststellenleiter in Weimar ergab. Ähnliche Erfahrungen hatte ich bereits mit einer

Staatsanwältin in Gotha gemacht, die lieber einen Fall verlor als einer heißen Spur nachzugehen. Und ich dachte immer, die Justiz wird nach der Anzahl der geklärten Fälle bewertet? Aber auch das ist wohl nur im Fernsehen so. Das Interesse an der tatsächlichen Lösung eines Falles.

Deshalb rufen Kunden und Paketshop Betreiber stets bei mir direkt an, wenn sie ein Problem tatsächlich geklärt haben möchten. Der Niederlassungsleiter erklärte mir gegenüber, nachdem sich ein Paketshop Betreiber mit seinem Problem an mich gewandt hatte, dafür gäbe es einen zuständigen Mitarbeiter in der Hermes Hierarchie. Ich musste ihn leider darauf hinweisen, dass der Kunde sein Problem gelöst wünschte und kein Geschwätz hören wolle.

Was bleibt letztendlich? Reklamationen sind ein ungelöstes Problem quasi jeder Firma. Je intensiver der Kunde / Empfänger / Paketshop Betreiber jedoch mit dem Mitarbeiter, der ihn tatsächlich betreut, kommunizieren muss, desto weniger Reklamationen gibt es.

Man redet halt einfach miteinander. Das klärt recht schnell viele Missverständnisse auf.

# Zusammenfassung Fazit
# Nach dem Mobbing folgte die Kündigung meines Vertrages

Nachdem ich immer wieder Lösungen für die auftretenden Probleme mit Hermes gesucht hatte, bekam ich am 16.02.2021 die fristgerechte Kündigung durch den Niederlassungsleiter überreicht. Ich hatte diesen Schritt seitens Hermes bereits eher erwartet. Aber so brauchte ich keinerlei Rücksicht mehr zu nehmen. Ich stellte also am 19.02.2021 alle Rechnungen über die Forderungen, die inzwischen aufgelaufen und unbeglichen waren. Ich stellte sie natürlich direkt ins Hermes-System. Sie wurden durch den Niederlassungsleiter mit dem Hinweis, Rechnungen seien vorher mit ihm zu klären, zurückgewiesen. Wenn er aber der Betrüger ist?

Hermes gibt vor uneingeschränktes Vertrauen zu seinen Führungskräften zu haben. Stattdessen steht jeder Vertragspartner unter Generalverdacht, gegen die heiligen Hermes Verhaltensregeln zu verstoßen, zu stehlen, zu betrügen. Das ist für mich keine Vertrauensbasis! Schließlich muss der Paketzusteller, welcher bei meiner Firma einen Arbeitsvertrag unterschreibt, vom ausbezahlten Lohn seinen Lebensunterhalt bestreiten. Soweit die Theorie.

In der Praxis ist es ja leider so, dass quasi jeder oder jede Alleinerziehende sein Einkommen aufstocken muss. In meiner Firma betrifft das vor allem Mitarbeiter mit Migrationshintergrund. Aber auch meine rechte Hand bekommt als Alleinerziehende einen Zuschuss zur Miete. Über das Unternehmerentgelt wird in diesem Zusammenhang überhaupt nicht gesprochen. Das findet nämlich nicht statt.

Allerdings sollte ein Unternehmen wie Hermes wissen, dass eine langfristige, vertrauensvolle Zusammenarbeit nur funktioniert, wenn beide Seiten ein auskömmliches Einkommen erwirtschaften können. Andernfalls werden immer wieder neue Vertragspartner ihr Glück versuchen wollen und scheitern. Hermes weiß demnach, warum sie die sogenannte letzte Meile an Vertragspartner vergeben. Ein aufrichtiges Unternehmen bearbeitet dieses sensible Feld selbst.

Betrachtet man zudem die Verträge, die Hermes seinen Vertragspartnern vorlegt, fällt auf, dass Restriktionen, Sanktionen und Vertragsstrafen ausschließlich auf Seiten des Auftragnehmers anfallen. Es muss also zunächst einmal – nun nennen wir es ruhig – Waffengleichheit hergestellt werden. In den meisten Unternehmen bedeutet das, der Angestellte ist in einer Gewerkschaft organisiert. Im Verhältnis Business-to-Business fehlen etliche Punkte, die wir im vorangegangenen Text erläutert haben. Hier einige Beispiele:

• Das deutsche Recht verbietet Akkordlöhne im Verkehrsgewerbe. Hermes bezahlt jedoch nach Abrechnungsklasse und Stück. Es fehlt ein Mindermengenaufschlag, der eine auskömmliche Entlohnung auch bei geringer Paketmenge garantiert.

• Durch falsche oder Fehlcodierungen im Hermes-System werden den Vertragspartnern zusätzliche Fahrten auferlegt oder Rückläufer erzeugt, die absolut unnötig sind, während scheinheilig über Elektromobilität und Dieselersparnis gesprochen wird.

• Haftung bei Sendungsverlust regelt das deutsche Recht nach dem Ladungsgewicht in Form von Sonderziehungsrechten (SZR). Das wird von Hermes ignoriert und ohne den gerichtsverwertbaren Nachweis dem Vertragspartner vom Erlös abgezogen.

• Es gibt keine Sanktionen bei Nichterfüllung des Vertrages durch Hermes, wie verspätete Zahlung, falsche Abrechnung usw.

Im Ergebnis ist zu sagen, wenn sie es vermeiden können, lassen sie die Finger von diesem Unternehmen.

# Nachbemerkung nach zwei Jahren Burnout

Anwälte erzählen gern, in Deutschland herrsche das Verursacherprinzip. Was auch immer es tut, herrschen keinesfalls. Stattdessen wird es mit Füßen getreten, und sollte es doch einmal den Kopf aus der Deckung nehmen oder den Finger heben, wird es mit Schmiergeld zugeschüttet, auf dem völlig inkompetente Personen bergauf in Positionen rutschen, in denen sie nichts, aber auch gar nichts zu suchen haben. Gern wird ja in den Medien über die Verflechtung von Wirtschaft, Politik und organisiertem Verbrechen spekuliert und im Ergebnis dessen eifrig Drehbücher für den Tatort oder andere Krimireihen geschrieben. Die Realität ist wahrscheinlich noch wesentlich erschreckender.

Einer dieser Verursacher ist Michael Otto. Über den OTTO-Konzern mit all seinen Tochter-, Enkel- und Schwiegertochter Gesellschaften gehört ihm auch die Hermes Germany GmbH. Da er natürlich nicht alles allein machen kann, nutzt er das sogenannte Management Buyout, was schlicht und ergreifend bedeutet, er bezahlt Leute dafür, seinen Laden zu schmeißen. Was die dann aber genau tun, um den geforderten Gewinn zu erwirtschaften, will er aber offenbar gar nicht so genau wissen. Genau wie sie, lieber Leser, wenn sie das Sonderangebot beim Metzger kaufen, nicht so genau wissen wollen, was das Tier zu fressen bekam und wie es zu Tode gekommen ist. Ich selbst weiß von mindestens drei durch Hermes verursachten Insolvenzen, deren finanzieller Schaden in die Millionen geht. Aber, wie in diesem Land üblich, werden Kosten sozialisiert und Gewinne privatisiert. Natürlich werden Michael Otto und seine Legion hoch bezahlter Winkeladvokaten das entrüstet von sich weisen und Paragraph um Paragraph zitieren, die sie ins Recht setzen. Allerdings ist es nicht gerecht. Und Recht und Gerechtigkeit sollten sich, zumindest meines Empfindens nach, weitestgehend abdecken. Schließlich wird ein überführter Mörder selbst in diesem Land weggesperrt. Vorausgesetzt man hat sich bemüht, ihn zu ermitteln. Allerdings werden in diesem Land völlig unbedarfte Schulschwänzer und Studienabbrecher zu Ministern ernannt und betrügerische Drecksäcke wie Uli Hoeneß beim FC Bayern München als Kultfiguren verehrt. Wie gesagt: Es läuft viel falsch in diesem Land.

Da hatten mich diese elenden Hurensöhne also auf der Matte. Sicher wurden auch ein paar hübsche Erinnerungsfotos geschossen. Die

Großwildjäger haben so etwas – ein Porträt vor dem erlegten Elefantenbullen, die Elefantenbüchse lässig in die Hüfte gestemmt, oder der Fuß auf dem Haupt des toten Löwen, den Wurzelholzschaft der Büchse auf dem Oberschenkel abgestellt. Bei einem gepflegten Essen mit einem Whiskystamper in der Hand. Die golden schimmernde Flüssigkeit mindestens zwei Finger hoch im Glas und mindestens achtzehn Jahre gelagert. Da kann man sich dann im gepflegten Smalltalk gegenseitig Schwanzlängen vorschwindeln, deren Realitätsgehalt eher gegen Null geht, während der eigene Nachwuchs sich angewidert abwendet und nur in der Lage ist das sauer zusammengeraubte Geld zu verprassen oder gleich ganz zum Feind überläuft.

Nun besteht aber noch ein anderes Problem.

**ICH BIN NICHT TOT!**

Ein sehr kluger Mann hat mir in meiner Jugend vorgebetet, nein: eingebläut. Mach dir niemals ohne Not jemanden zum Feind! Das ist zwar eine sehr opportunistische Einstellung, die mein Großvater da vertrat. Aber der Ottonormalverbraucher muss Monat für Monat seine ständig steigende Miete bezahlen, die Raten für das Haus, das Auto und, was er sonst noch so von den Banken kreditiert bekommen hat. Deswegen ist diese Einstellung weit verbreitet. Und sie ist verständlich für mich. Aber ich frage mich doch, wie groß die Not innerhalb der Hermes Germany GmbH sein muss, denn ich bin nicht der Einzige, der durch die Mitarbeiter dieser Firma ruiniert wurde. Dafür gibt es Beispiele ohne Ende.

**Aber: ICH BIN IHR FEIND!** Was die anderen tun, weiß ich nicht. Vielleicht kann man sich ja verbünden.

Beginnen wir aber am Anfang und stellen drei Thesen vor die Erläuterungen dieses Textes:

1. Das gesamte mittlere Management der Hermes Germany GmbH wird nach Rohertrag prämiert, hat aber nur eingeschränkte Möglichkeiten diesen zu beeinflussen.

2. Hermes hat sich mit seinen Preisen verkalkuliert und muss deshalb Wege finden, die Wertschöpfungskette zu bestehlen.

3. Mit der Zustellung von Paketen ist kaum noch Gewinn in den Margen zu erwirtschaften, die für Kapitalanleger interessant sind.

**These 1:**

Erfolgsprämien sind in dieser Wirtschaftsordnung gang und gäbe. Selbst in der verpönten DDR gab es so etwas. Nannte sich Jahresendprämie. Ja, auch dort musste man die Angestellten bei Laune halten. Natürlich macht das auch die Hermes Germany GmbH in irgendeiner Form, die auf Gewinnmaximierung abzielt. Davon dürfen wir ausgehen. In jeder Firma werden mit den Angestellten Zielvereinbarungen ausgehandelt.

Betrachten wir einige Beispiele: Die Getreidemühle, die das Mehl direkt für den Supermarkt portioniert abfüllt, hat eine Abfüllanlage. Die Verpackungseinheit ist ein Kilogramm. Jedenfalls steht das auf der Tüte Mehl, die sie im Supermarkt käuflich erwerben. Die Abfüllanlage arbeitet jedoch nicht punktgenau. Das kann sie gar nicht. Sie arbeitet innerhalb eines Toleranzbereiches, der etwas mehr oder auch etwas weniger Mehl als ein Kilogramm duldet. Beziffern wir diesen Toleranzbereich einmal willkürlich mit einem Prozent. Das bedeutet schlicht und ergreifend, dass bei einer Füllung zwischen 990 und 1010 Gramm Mehl in jede Tüte gewogen werden. Bei einer Fülldauer von – sagen wir – zwei Sekunden pro Füllung – das ist ein willkürlich gewählter Wert – füllt die Anlage in der Minute 30 Tüten. In der Stunde 1800 Tüten. Rechnen wir noch mit einem Zweischichtsystem, also 16 Stunden pro Werktag, kommen wir auf 28800 abgefüllte Tüten. Ein Prozent davon sind exakt 288 Tüten. Füllt also die Anlage statt der erforderlichen 1000 Gramm jedes Mal 1010 Gramm ein, habe ich als Unternehmer am Ende des Tages 288 Tüten Mehl weniger auf der Palette. Bei 990 Gramm sind es jedoch 288 Tüten mehr. Ich werde also meinen Angestellten dahingehend motivieren, dass er dafür sorgt nur 990 Gramm in die Mehltüten abzufüllen. Das gilt als sogenannte Minustoleranz. Ich werde also mit ihm eine Minustoleranzprämie aushandeln.

So einfach hat es das mittlere Hermesmanagement jedoch nicht. Die Jungs sind ehrlich gesagt so richtig am Arsch. Aber warum?

Sie haben zu viele Einflussgrößen. Noch dazu sind diese nicht beeinflussbar. Beginnen wir dazu am Anfang der Lieferkette. Der LKW fährt also beim Otto-Versand vor und lädt in Pakete verpackten die Bestellungen ein. Die genaue Anzahl bestimmt das Kaufverhalten der Kunden. Bei sogenannter Kaufunlust – oder auch, die Leute haben einfach kein Geld für den Plunder übrig, den sie nicht unbedingt brauchen – kann es passieren, dass der LKW nicht voll beladen werden kann. Der Kilometer Fahrweg zum Hermes-Lager kostet aber trotzdem. Verschleiß, Sprit, Versicherung, Abschreibung. Da gibt es dann eine Mindestlademenge, die der LKW braucht, um rentabel zu fahren. Der Spediteur möchte diese Mindestlademenge in seiner Kalkulation natürlich so niedrig wie möglich ansetzen, damit er auch mit wenig Ladung rentabel fahren kann. Allerdings würde ich, als sein Kunde, natürlich die Schwelle so hoch wie möglich ansetzen wollen. Denn, je höher die Rentabilitätsschwelle der Spediteurs, desto niedriger mein Paketpreis, den ich an ihn zu zahlen habe. Da Hermes eine hundertprozentige Tochter des Otto-Konzerns ist, kann man da intern mauscheln. Das hilft allerdings dem mittleren Management wenig, denn die sitzen in einer Niederlassung, bei der der LKW die Pakete abliefert, und die sie auf die einzelnen Zustellbasen, das heißt im Hermes-Sprech: die letzte Meile, sortieren müssen. Sie müssen also Personal beschäftigen. Das ist ein riesen Problem, praktisch der Super-Gau. Was da alles passieren kann. Urlaub, freie Tage, Krankheit, schlimmstenfalls Gewerkschaftsmitglieder und Betriebsräte. Gott sei Dank hat man aber auf der letzten Meile noch seine Erfüllungsgehilfen, zu gut deutsch Sklaven, obwohl die in ihren Verträgen mit Hermes etwas von Partnerschaft lesen. Aber das weiß das mittlere Management nicht. Damit wären viele ihrer Handlungen nur fahrlässig. Leider stimmt das nicht. Die Jungs und Mädels sind sehr genau geschult und firm, was in den

Verträgen mit den Nachauftragnehmern steht. Insofern sind ihre Handlungen nicht mehr fahrlässig, sondern vorsätzlich.

Aber zurück zum Thema.

Wenn das Paket endlich bei ihnen angekommen ist, sind von den 35% des Paketpreises entweder bereits aufgebraucht oder es ist noch etwas davon übrig. Die restlichen 65% des Paketpreises entfallen nach eigener Aussage auf die letzte Meile. Damit wir das verstehen, schauen wir uns die Preisliste für Privatpakete bei Hermes einmal an. (Anlage 10) und betrachten, welche Beträge Hermes davon an seine Vertragspartner weiter reicht (Tabelle 13).

# Preisliste
### Was
### Hermes zahlt

| Lieferung an Paketshop | 65% davon | Zustellung | Abholung | Differenz | Mittelwert |
|---|---|---|---|---|---|
| Päckchen | 3,70 € | 2,41 € | 0,50 € | | 1,91 € | |
| S-Paket | 4,40 € | 2,86 € | 0,50 € | | 2,36 € | |
| M-Paket | 5,40 € | 3,51 € | 0,50 € | | 3,01 € | |
| L-Paket | 10,40 € | 6,76 € | 0,50 € | | 6,26 € | 3,38 € |
| **Zustellung an Haustür** | | | | | | |
| **Online-Preis** | | | | | | |
| Päckchen | 4,50 € | 2,93 € | 1,71 € | | 1,22 € | |
| S-Paket | 4,95 € | 3,22 € | 1,71 € | | 1,51 € | |
| M-Paket | 6,75 € | 4,39 € | 1,71 € | | 2,68 € | |
| L-Paket | 10,95 € | 7,12 € | 1,71 € | | 5,41 € | 2,70 € |
| **Paketshop-Preis** | | | | | | |
| Päckchen | 4,50 € | 2,93 € | 1,71 € | | 1,22 € | |
| S-Paket | 5,95 € | 3,87 € | 1,71 € | | 2,16 € | |
| M-Paket | 6,95 € | 4,52 € | 1,71 € | | 2,81 € | |
| L-Paket | 11,95 € | 7,77 € | 1,71 € | | 6,06 € | |
| Reisegepäck | 19,95 € | 12,97 € | 1,71 € | | 11,26 € | 4,70 € |
| **Abholung beim Versender, Zustellung an der Haustür** | | | | | | |
| S-Paket | 9,95 € | 6,47 € | 1,71 € | 1,20 € | 3,56 € | |
| M-Paket | 11,75 € | 7,64 € | 1,71 € | 1,20 € | 4,73 € | |

| | | | | | | |
|---|---|---|---|---|---|---|
| L-Paket | 15,95 € | 10,37 € | 1,71 € | 1,20 € | 7,46 € | |
| XL-Paket | 29,95 € | 19,47 € | 1,71 € | 1,20 € | 16,56 € | |
| XXL-Paket | 33,95 € | 22,07 € | 1,71 € | 1,20 € | 19,16 € | |
| Reisegepäck | 24,95 € | 16,22 € | 1,71 € | 1,20 € | 13,31 € | 10,79 € |
| Sperrgut | 19,95 € | 12,97 € | | | pro Monat | 50,00 € |
| Inselzuschlag | 7,00 € | 4,55 € | | | | |

**Tabelle 13**

Wie sie aus der Tabelle entnehmen können, ist der Betrag, der nicht bei der letzten Meile ankommt, allein für ein Paket oder Päckchen beträchtlich. Nun hat meine Firma allein täglich etwa 1200 – 1500 Pakete geladen und zugestellt. Was kann man mit so viel Geld alles anstellen? Zum Beispiel, das mittlere Management bei ihren Aufgaben zu unterstützen und gleichzeitig noch Anreize für bessere Qualität zu schaffen. Klingt gut. Klingt richtig gut!

Wie sieht allerdings die Realität aus?

Da habe ich des Öfteren E-Mails von einer Frau V. bekommen. Diese Frau kontrolliert täglich die Paketshops. Wurden sie angefahren, die gesammelten Pakete abgeholt. Wurden sie nicht angefahren. Haben sie eventuell geschlossen, ihre Öffnungszeiten geändert oder ähnliches. Ob diese Person das deutschlandweit macht, oder nur für eine bestimmte Region zuständig war, weiß ich nicht, ist auch nicht das Thema. Sie sammelt also Meldungen über außerordentliche Schließtage, Urlaube und nicht angefahrene Paketshops. Klingt sinnvoll?

Was passiert denn in der Realität?

Jeder vernünftige Nachauftragnehmer/Vertragspartner liebt doch kurze „Dienstwege". Also hat jeder Paketshop eine „Notfallnummer" unter der er seinen persönlichen Paketshopfahrer, insofern die Firma das so plant, oder dessen Chef erreicht. Ein kurzer Anruf und die Probleme sind ausgeräumt. Oft gehen Meldungen gar nicht an die Zentrale. Zu viel Bürokratie. Viele der Paketshopbetreiber sind Einzelunternehmer, die während ihrer Arbeitszeit hinter einem Ladentresen stehen und den so unbeliebten Endkunden verarzten. Sie haben einfach nicht oder nur sehr eingeschränkt Zugriff auf Computer oder Internet. Zudem macht es einen gelinde gesagt miesen Eindruck, wenn der Eigentümer am Handy spielend hinter dem Ladentisch steht.

Ähnlich ergeht es Leuten, die beginnen einen kleinen Internethandel aufzubauen und anfangs im Nebenerwerb nur eine kleine Anzahl von Paketen pro Tag oder gar Woche zu versenden haben. Da ist es gut die Nummer eines Ansprechpartners vor Ort zu haben und schnell und unbürokratisch einen Termin zu vereinbaren. Na, wie klingt das?

Aber es kommt noch schlimmer. Frau V. tut nicht das, was sie soll. Die gesammelten Daten gehen an die Niederlassungsleiter oder ähnliche Organigrammposten und bilden die Grundlage für eventuelle Prämienvereinbarungen. Der Niederlassungsleiter übernimmt die Daten natürlich ungeprüft. Warum sollte er sie auch prüfen. Dafür hat er ja Frau V. im Controlling. Nur Frau V. arbeitet nicht sorgfältig. Ihr entgehen angefahrene Paketshops und sie meldet sie als nicht angefahren. Dabei lernt schon der Grundschule die Grundlagen von Überschlagsrechnung und Gegenprobe. Natürlich sollte Mann oder auch Frau im Unterricht nicht nur physisch anwesend gewesen sein. Die Sache mit der Gegenprobe funktioniert übrigens auch bei Paketshops, denn es gibt von diesem Tag und dem betreffenden Fahrer einen MEDEA-Bericht. Das sind alle Daten, die der Scanner des Fahrers während der entsprechenden Tour an den Zentralrechner gesendet hat. Dabei wird jede Handlung des Fahrers sekundengenau dokumentiert. Sagen wir: 13:46:23 Uhr Paket „ID soundso" zugestellt. 13:48:28 Uhr Paket „ID soundso" Empfänger nicht angetroffen. 13:52:11 Uhr Paketshop Kennung: soundso Pakete geliefert, Pakete mitgenommen. Da steht dann eine Liste der entsprechenden Paket-IDs. Dieser Paketshop ist also angefahren und kann von der Liste der nicht angefahrenen gestrichen werden. Ganz einfach, oder?

Man muss es nur tun! Verdammt nochmal!

An die Alternative möchte ich gar nicht denken. Schließlich hat das mittlere Management auch Weisungsbefugnisse.

Eine zweite, sehr nette Controllerin – den Namen habe ich vergessen, was viel über meine Meinung der Frau gegenüber aussagt – hat mich zu einem Verhör beordert. Sie war dazu da, die MEDEA-Berichte zu kontrollieren, was sie auch mit großem Eifer tat. Allerdings mit wenig

Sachkenntnis, obwohl sie mir gegenüber behauptete, sie habe selbst Pakete als Hermes-Bote zugestellt. Naja, wer´s glaubt!

Anstatt nämlich auf Fehler zu achten, die durch falsche Zuordnung der Tourenelemente entstehen und somit Pakete, die beispielsweise an eine Adresse in 99439 Schwerstedt, Kirchgasse dem Tourenelement 99439 Sachsenhausen, Kirchgasse zugeordnet wird. Luftlinie ca. 20 Kilometer entfernt. Stets in eine andere Tour geplant. Das hätte man glatt als Problemlösung auffassen können.

Dummer Weise befasste sie sich nicht damit sondern mit einem völlig anderen Problem. Das Bundesland Thüringen befasst sich seit Längerem mit einer umfangreichen Gebietsreform. So gibt es eine Gemeinde Saaleplatte mit der Postleitzahl 99510, die Stadt Apolda hat die gleiche PLZ 99510. Allerdings gibt es in Apolda keine Dorfstraße. Insofern war es eigentlich erstaunlich, dass eine Sendung nach 99510 Hermstedt (Ortsteil der Gemeinde Saaleplatte), Dorfstraße und eine Sendung nach 99510 Apolda, Dorfstraße dem gleichen Tourenelement zugeordnet wurden. Für die Controllerin warf das allerdings die Frage auf, wie der Fahrer binnen weniger Minuten ein Paket in der Dorfstraße 2 in Hermstedt und in der Dorfstraße 15 in Apolda zustellen konnte, was das GPS in mehr als 10 Kilometer Entfernung verortete. In der richtigen Welt sind beide Hausnummern nur ein paar Meter voneinander entfernt auf gegenüberliegenden Straßenseiten. Da muss man allerdings drauf kommen. Oder man hält die

Vertragspartner von ihrer Arbeit ab. Das ist ziemlich nervig.

Eigenartiger Weise scheint solch ein Problem bei Hermes niemanden vom Hocker zu reißen. Vielleicht erzeugt dieses Vorgehen bei einigen Vertragspartnern ja ein schlechtes Gewissen. Bei erzeugt sie Misstrauen. Von was wollte Hermes ablenken. Oder ging es einfach nur darum, den Vertragspartner (evtl. auch Erfüllungsgehilfe, Sklave oder Nigger) bestimmte Fehlhandlungen anzudichten?

Sagte nicht schon Archimedes: „Gib mir einen Punkt, wo ich sicher stehen kann, einen Hebel, der lang genug ist und bewege die Welt mit einer Hand." Geht es also bei dieser Controllerin darum, Fakten zu sammeln, die in einer Verhandlung gegen die Gegenüber eingesetzt werden können?

**These 2:**
Kehren wir noch einmal zurück zu den LKWs.

Bei den Schwankungen im Kaufverhalten unserer lieben Mitbürger ergeben sich natürlich auch Schwankungen in der Auslastung der jeweiligen LKW. Diese Schwankungen wirken sich natürlich nicht so stark aus, dass eine oder auch mehrere Touren gestrichen werden können. Das wäre ja auch zu einfach. Wir dürfen also getrost davon ausgehen, dass die LKW praktisch nie ausgelastet sind. Normaler Weise dürften sie als Wechselbrückenlastzüge mit Anhänger kalkuliert worden sein. Fährt also ein LKW ohne Anhänger, darf man von maximal halber Auslastung sprechen. Vorausgesetzt, wenigstens der LKW ist voll beladen. Beobachten sie, wenn sie auf der

Autobahn unterwegs sind einmal genau, wie viele LKW mit einem leeren Anhänger, ohne Wechselbrücke, unterwegs sind.

Das mittlere Management bei Hermes ist außerdem befugt, bestimmte Kunden „abzuschalten". Für die Erklärung muss ich etwas weiter ausholen. Hermes wurde zunächst gegründet, um die Sendungen des Otto-Versand auszuliefern. Dazu gehören jede Menge Unternehmen. (Anlage 11) Ist die Auslieferungsmannschaft damit nicht ausgelastet – und das ist sie praktisch aus unternehmerischer Sicht nie – wirbt Hermes weitere Kunden an. Z.B. Privatpakete, Yves Rocher, Amazon gehören dazu. Der Anteil dieser Labels an der Gesamtmenge kann durchaus signifikant sein, also 40 oder sogar mehr Prozentpunkte betragen. Die tägliche Paketmenge kann somit reduziert werden, für den Fall, die vorhandenen Zusteller sind nicht mehr in der Lage, die täglich auflaufende Paketmenge zu bewältigen. Das kann verschiedene Ursachen haben. Hoher Krankenstand. Falsche Personalplanung. Maßlose Gier. Mobbing. Weil es schlicht und ergreifend heißt: Mit dieser Abschaltfunktion kann das mittlere Management die Lademengen seiner Nachauftragnehmer steuern. So vorgefallen bei meinem Urlaub 2018. Nachdem vorher die durchschnittliche Lademenge für jeden Fahrer meiner Firma bei mehr als 130 Paketen lag, schaltete der Niederlassungsleiter Amazon ab. Ich war an einem Samstag in den Urlaub gereist. Dienstags erfolgte der Anruf meiner Vertretung, dass die Lademenge gerade noch etwa 80 Pakete betrage. Das sind fast 40% weniger Lademenge.

Damit rutscht das eigene Unternehmen holterdiepolter in die Verlustzone und zwar ganz tief.

Natürlich kann man darüber reden – man nennt das Kommunikation. Die Information könnte in etwa lauten: „Wir werden in Kürze einen signifikanten Teil unserer täglichen Paketmenge nicht mehr bewältigen können und deshalb von einem Fremdkunden keine Sendungen mehr annehmen. Die Paketmenge pro Tag verringert sich dadurch und zirka 40%." Da kann man als Unternehmer reagieren. Losgehen und vielleicht kurzfristig zusätzliche Kräfte akquirieren. Obwohl das natürlich auch nicht so ganz einfach ist. Aber man kann agieren. Es ist ja nicht so, dass die Paketmenge nur in der eigenen Firma fehlt. Auch die Niederlassung muss eine bestimmte Menge Paket sortieren, um wirtschaftlich zu arbeiten. Mit so einer Handlung schießt man sich also auch selbst aus der Gewinnzone. Warum also tut man so etwas?

Die erste und wahrscheinlich einfachste Antwort ist, weil man es kann. Aber wie so oft ist das nur die halbe Wahrheit. Natürlich. Ein paar Tage vorher fanden Verhandlungen über die Einrichtung einer Zustellbasis statt. Ich hatte eine geeignete Location gefunden. Eine Halle, fast direkt an der Autobahn gelegen. Sie konnte gemietet werden und hatte die Kapazität ungefähr die Hälfte mehr als die bisher abgewickelten Pakete zu bewältigen. Es wären durchaus mehr als zwanzig Touren möglich. Was tut man dann? Man macht eine seriöse Kalkulation. Vorsorglich gemeinsam mit der eigenen Steuerberaterin. Selbst können einem ja durchaus

Fehler unterlaufen. Und vier Augen sehen mehr als zwei. Die Hermes Leute können natürlich auch rechnen. Aber sie behaupten dabei offenbar nur, genau zu wissen, wieviel beim Nachauftragnehmer hängen bleibt. Oder sie vergessen, wer in diesem Land alles die Hand aufhält und als Körperschaft öffentlichen Rechts zwangsweise von jeder Firma, die sich bei ihr anzumelden hat, Beiträge kassiert. Daneben gibt es noch Sozialkassen, Versicherungen usw. usf. Also jede Menge geöffnete Hände. Jedenfalls boten die Hermes Verhandler Erlöse an, die mit an Sicherheit grenzender Wahrscheinlichkeit dafür sorgen würde, dass nach dem ersten Geld noch reichlich Monat übrig sein würde. Sprich es gab nicht den Hauch einer Chance auch nur annähernd kostendeckend zu arbeiten. Also hatte ich die Kerle mit der freundlichen Bemerkung: Dann bleibt es so, wie es ist! vor die Tür gesetzt. Glaubten sie wirklich ich würde mich auf so ein dümmlich vorgetragenes Angebot stürzen? Das war ja eine ebensolche Unverschämtheit, wie die Rede der Innenministerin nach dem Abbruch der Tarifverhandlungen im öffentlichen Dienst. Sie wagte doch allen Ernstes öffentlich zu erklären, die Arbeitgeberseite habe 8,5% Lohnerhöhung angeboten, aber die Gewerkschaft abgelehnt. Natürlich, bei 10% Inflation sind das schlicht und ergreifend 1,5% Reallohnverlust. Das weiß man, wenn man die Schule abgeschlossen und in Mathe nur ein klein wenig aufgepasst hat. Bei der Gewerkschaft sitzen solche Leute in der Verhandlungsdelegation. Und auch ich habe mein Abitur bestanden. Also lehnte ich ab für ca. 7000

Euro weniger Erlös pro Monat zu arbeiten. Das machte etwa 20% aus. Auch ohne diesen Griff in die Tasche war es relativ schwierig Monat für Monat auch nur einen kleinen Überschuss zu erwirtschaften.

Bleiben wir aber bei der These. Die dargestellten Handlungen seitens Hermes machen natürlich nur dann Sinn, wenn die Gewinnzone auch für die Niederlassung nur schwer erreichbar war, aber unbedingt erreicht werden musste, um Bonuszahlungen oder ähnliche Prämierungen zu erreichen. Das lässt auf skrupellose Machenschaften schließen, die durch das Hermes Management und den Mutterkonzern Otto entweder gedeckt, sanktioniert oder gar gefordert werden.

Dieser Verdacht drängt sich geradezu auf und eine vollständige Aufklärung wäre sicher im Interesse aller Mitarbeiter und Kunden der Hermes GmbH. Denn ich persönlich würde mich unwohl fühlen, im Auftrag eines korrupten Managers an Straftaten beteiligt zu sein. Aber bisher wurden durch die deutschen Ermittlungsbehörden alle Anzeigen ignoriert. Zu Schade, wo doch im Fernsehen praktisch jeden Tag extrem engagierte Ermittler, ja ganze Ermittlerteams im Einsatz sind, um dem geneigten Fernsehzuschauer das beruhigende Gefühl zu vermitteln, dass jede Menge fleißiger Bullen dabei sind, seinen Arsch in Sicherheit zu wiegen.

Bäh, Propaganda schlimmster Art.

Die Realität ist eine ganz andere.

Beginnen wir aber am Anfang. Einer meiner Mitarbeiter verschickt per Privatpäckchen ein

Handy nach Hannover. Im Hermes System nachgewiesen ist die Annahme durch einen Paketboten und die Bezahlung in bar. Die Einsortierung in die Wechselbrücke nach Laatzen. Aber danach verliert sich die Spur. Da das System ja unfehlbar ist, gibt es ganz klare Ansatzpunkte für die Ermittler, wo genau das Päckchen mit dem Handy abhandengekommen ist. Wir wollen nicht gleich von gestohlen reden. Obwohl ... Es war ja nicht mehr auffindbar, dass bedeutet in unserer materialistischen Welt schlicht und ergreifend, es wurde weggebracht. Allerdings interessiert das keinen und Hermes hat den Schaden meines Wissens bis heute nicht ersetzt.

Aber jeder Hermes Kunde hat Zugriff auf eine Notfallnummer, über die angeblich alle Probleme zu klären sind. Was natürlich horrender Blödsinn ist. Sollte ein Kunde sein Paket vermissen, kann er dort anrufen und sich nach dem Verbleib seines Paketes erkundigen. Will der Kunde den Paketboten ärgern, kann er das natürlich auch tun. Der Mitarbeiter an der Notfallnummer wird feststellen, das Paket wurde zugestellt. Nun bekommt der Fahrer bzw. Nachauftragnehmer ein E-Mail in der er aufgefordert wird, den Verbleib des Paketes zu klären. Dabei hat er seine Arbeit ordentlich erledigt und sogar eine Empfangsquittung. Diese E-Mails nehmen mit der Zeit mehr und mehr zu. Man bräuchte einen zusätzlichen Mitarbeiter, der sich nur mit diesem Quatsch befasst. Das gibt so eine Firma normaler Weise wirtschaftlich nicht her. Also habe ich das Problem versucht anderweitig zu lösen. Ich habe Strafanzeige gegen die falschen Beschuldigungen erstattet. Als ich noch in Erfurt tätig war gab es einen tatsächlichen Diebstahl durch die Empfänger. Die Polizei hat die Täter ermittelt und der Justiz zugeführt. Aber das war in Erfurt. In Weimar lud mich der Leiter der Polizeiinspektion ein. Er erklärte mir im Brustton der Überzeugung, die Täter seien immer die Fahrer. Eine recht einseitige Sicht der Dinge. Ich frage mich, wie die Polizeiinspektion Weimar überhaupt Fälle löst? Offenbar gar nicht.

Wir haben allerdings bereits zwei dokumentierte Fälle in denen es erwiesener Maßen andere Täter gab. Aber mit diesen Problemen und eine von Unlust geplagten Polizei kann man natürlich ganz hervorragend die Nachauftragnehmer mobben. Ich verweise noch einmal darauf: Jede – aber auch jede – dieser nicht zu klärenden Paketverbleibe ist durch den jeweiligen Paketboten als Originalzustellung oder Zustellung beim Nachbarn im System dokumentiert. Genau nach Hermes-Handbuch, sprich Arbeitsanweisung. Nun soll dieser Paketbote noch einmal nachweisen, dass er seine Arbeit richtig gemacht hat? Erkennen sie den Fehler?

Ein ähnlicher Fall betraf einen meiner arabischen Mitarbeiter. Ein Feldstecher war angeblich verloren gegangen. Verkaufspreis ca. 800€. Herr E., der Niederlassungsleiter, erklärte mir, mein Fahrer habe das Sicherheitssiegel so gelöst, dass er es nach erfolgtem Diebstahl wieder so befestigen konnte, dass es unberührt aussah. Ich weiß, in Kriminalfilmen, in denen solche Szenen dargestellt werden, geht so etwas immer relativ schnell. Das ist jedoch der Dramaturgie geschuldet.

Wusste Herr E. offenbar nicht. Er hielt jedoch an seiner Behauptung fest. Ich behaupte wider besseren Wissens. Denn der Fahrer, Syrer, dort als Busfahrer unterwegs gewesen, auf eine schlichte Art fromm, besitzt meines Erachtens nicht das Wissen, das Equipment und die Fertigkeiten für eine solche Tat. Darüber hinaus hat er keine Ahnung, welcher Absender, welche Artikel versendet. Einmal ganz abgesehen von Zeitfaktor. An diesem Tag hat er 130 Pakete zugestellt und zwar in der Zeit von 8:30 bis 14:00 Uhr. Das sind mehr als zwanzig Stück pro Stunde. Da bleibt selbst in einem dicht besiedelten Wohnviertel wie dem Wiesenhügel in Erfurt kaum Zeit für eine Tasse Kaffee. Dieser Mann hat von Gelmeroda im Weimarer Süden bis Bechstedtstraß südlich der Bundesstraße 7 über Urbich, Niederzimmern, Hopfgarten und Tröbsdorf nördlich der Bundesstraße 7 alle Ortschaften abgefahren. Ich frage mich, wie er die Zeit gefunden hat, das Paket zu leeren. Herr E. hat also offensichtlichen Schwachsinn behauptet. Ich denke, er kennt auch den wahren Täter, beziehungsweise wollte den Verlust der Sendung von seiner Verantwortlichkeit auf eine andere abwälzen. Jedenfalls widersprechen sein Handeln und seine Behauptungen in eklatanter Weise der deutschen Rechtsauffassung, die da lautet: In dubio pro reo! Im Zweifel für den Angeklagten! Das bedeutet jedoch jeder hat bis zum Beweis seiner Schuld für unschuldig zu gelten. Andernfalls muss derjenige, der eine nicht autorisierte Strafe vollstreckt, davon ausgehen, selbst eine Straftat zu begehen. Vorausgesetzt ein Staatsanwalt findet die Sache interessant, wird ihr auch nachgegangen und ermittelt. Das ist bisher nicht erfolgt. Wirtschaftsstraftaten sind schwer nachzuweisen und deshalb offenbar wenig beliebt bei Ermittlungsbehörden. Viel lieber sind Fälle, in denen Sozialkassen Geld von Unternehmern für die Arbeitnehmer und Zeiträumen einfordern, während derer sie im verantwortlich gemachten Zeitraum gar nicht mehr im Unternehmen angestellt waren. Da hätte schlicht ein Blick in die Kündigungsschreiben genügt, um das Desaster für die Staatsanwaltschaft vor Gericht abzuwenden und der Staatskasse vermeidbare Kosten aufzubürden. In meiner Firma hätte ein solcher Mitarbeiter mit einer fristlosen Kündigung nicht nur zu rechnen. Das ist glatte Arbeitsverweigerung oder sogar Sabotage. Aber bei Beamten offenbar Gang und Gäbe. Nennen wir es einfach Realsatire. Es bleibt also alles beim Alten. Die Auftraggeber halten ihre Vertragspartner wie Sklaven und bedienen sich ungeniert am Erlös der Nachauftragnehmer.

**These3:**
Kommen wir noch einmal zurück auf die Kalkulation der Nachauftragnehmer. Für die Wirtschaftlichkeit des Unternehmens ist es notwendig, dass der Paketbote eine bestimmte Anzahl Pakete zustellt. Sagen wir der Einfachheit halber 100 Stück. Dann deckt der Paketbote alle Kosten, hat aber noch keinen Cent Gewinn gemacht. Das bedeutet schlicht und ergreifend: Der Fahrer sollte mit ca. 120 Paketen starten, damit er, die berechtigte Chance hat, 100 Stück davon zuzustellen. Ein guter Fahrer schaffte es unter 5% Rücklauf zu bleiben. Das bedeutet bei 120 Paketen

114 davon zugestellt, also 14 mehr als für die kostendeckende Arbeit notwendig wäre. Kommt das regelmäßig und bei allen Fahrern einer Firma vor, sind nicht nur alle Handaufhalter befriedigt, es bleibt sogar noch etwas übrig, das durch das Finanzamt besteuert werden kann.

Nur kommt so etwas nicht regelmäßig vor. Dank solcher Leute wie Herrn E. kommt es für einen Nachauftragnehmer sogar recht selten vor. Neben der auf- und abschwellenden Kauflust der potentiellen Kunden, willkürlichen Abschaltungen von Auftraggebern und permanent auf den Unternehmer einströmenden „Verlustmeldungen" gibt es auch noch die tagtäglichen Probleme im eigenen Unternehmen. Fahrzeuge, TÜV-, ASU-Turnus, Reifenwechsel, Dienstpläne, Änderungswünsche wegen Schwiegermutter Besuchen oder Schwiegertöchter Problemen, Kind krank und was sonst noch so im Alltag auf die Menschen einströmen kann. Sorgt man als Auftraggeber nun dafür, dass der Nachauftragnehmer stabile Lademengen erhält, kann sich eine Firma positiv entwickeln. Dazu muss man das aber wollen.

Widmen wir uns aber zunächst einer stabilen Paketmenge. Das funktioniert in keinem Fall. Über den Jahresverlauf können die täglichen Paketmengen um durchaus 30 – 40% schwanken. Wenn wir von einem Mittelwert von 100 Paketen ausgehen, können während der Wochen vor Weihnachten durchaus 140 Pakete und mehr anfallen. Dabei betrachten wir jeweils denselben Bereich innerhalb – sagen wir - der Stadt Weimar. Der Bereich umfasst – sagen wir - 15 Straßen. An schwachen Tagen, wenn sich die halbe Republik im Urlaub erholt, sind unter Umständen schon 70 Pakete viel. Einen Teil dieser Schwankungen fängt ein Unternehmen normaler Weise durch freie Tage und Urlaub ab. An schwachen Tagen kann die Tourenplanung durchaus auch einmal 18 oder 20 Straßen umfassen. Aber die Tour kann nicht ins Unermessliche vergrößert werden. Der berühmt berüchtigte Spruch Paris-Rom-Erkner kommt einem da schnell in den Sinn.

Dazu kann ich aus eigener Erfahrung sagen: Selbst 120 Pakete sind in zwei Touren nicht zu schaffen. Die Fahrwege zwischen den einzelnen Zustellungen sind in Summe einfach zu lang.

Wie machen das aber die Wettbewerber?

Fangen wir einfach mit der Post/DHL an. Die Paketmenge innerhalb dieser Firmenkonstellation ist wesentlich größer als bei Hermes. Jeder Zusteller, der für Hermes oder einen seiner Nachauftragnehmer arbeitet, weiß, dass in seiner Tour mindestens 2, wenn nicht gar 3 Zusteller von DHL zum Einsatz kommen. Und damit ist das Paketaufkommen noch nicht einmal bewältigt. Die Briefzusteller werden häufig ebenfalls mit Paketzustellungen belastet. Dabei lädt ein Paketzusteller bei DHL mindestens 160 Pakete. Meistens jedoch mehr als 200. Wenn ich jedoch nur eine kleines Areal zu bedienen habe, ist solch eine Paketmenge durchaus bewältig bar, weil der Zusteller pro Halt einfach mehr Pakete zustellen kann. An ganz schlimmen Tagen habe ich selbst innerhalb kleiner Areale mehr als 190 Pakete geladen und zugestellt. Das Ganze hat sogar ohne

Überstunden funktioniert. In diesem Beispiel war es der Wiesenhügel in Erfurt.

Eine solche Paketmenge fällt bei Hermes nicht einmal innerhalb der Hochzeiten vor den Festtagen an.

Wen gibt es noch? DPD. Diese Leute sind extrem hilfsbereit. Sie kalkulieren für ihre Nachauftragnehmer sogar alle Preise. Wollen die uns verarschen? Unakzeptabel. Ich würde nämlich gern selbst prüfen, an welcher Stelle der Beschiss stattfindet. Zudem bin ich recht argwöhnisch, was die Rechenkünste fremder BWLer angeht. Da meine persönlichen Erfahrungen nur Vorgespräche umfassen, die nie zu einer ernsthaften Zusammenarbeit geführt haben, will ich es hierbei bewenden lassen.

Der nächste Kandidat ist GLS. GLS schrieb mich sogar persönlich an und in den Vorgesprächen klang das Ganze auch unheimlich verlockend. Aber misstrauisch, wie ich nun mal bin, vereinbarte ich Probefahrten mit dem Niederlassungsleiter. Ein freier Mitarbeiter und ich fuhren zwei Tage lang für GLS. Danach entschieden wir: Schwachsinn! Ich ließ es sein. Begründung:

- Das Equipment ist hoffnungslos überlastet. Ich war zwei Tage lang vor allem damit beschäftigt, meinen Scanner neu hochzufahren.

- Das Navi zeigt dem Fahrer neben dem angeblichen Durchschnitt der gesamten Flotte auch das voraussichtliche Ende der eigenen Tour.

Ich bin sicher zu diesem Zeitpunkt kein langsamer Zusteller gewesen. Im November 2015 schaffte ich einen Monatsdurchschnitt von mehr als 137 Paketen je Tour. Aber die GLS-Touren sind für mich trotz weniger Lademenge – etwa 80 – 100 Pakete je Tour – hoffnungslos überdehnt. Darüber hinaus halten die ständigen Probleme mit dem Scanner natürlich auf. Fazit: Die Tour ist so nicht zu schaffen! Was also machen die versierten Fahrer. Nun, den Empfängern der Pakete zufolge, landen die meisten Pakete in den Paketshops. Die Fahrer verteilen ausschließlich Benachrichtigungskarten und laden ihren Transporter im Paketshop aus.

• Der morgendliche Tourenausgang dauert zwei bis drei Stunden, die natürlich von der eigentlichen Zustellzeit abgehen.

• Selbst der höhere Paketpreis macht die Probleme nicht wett. Es ist eher so, dass der Erlös sinkt.

Wer bleibt noch? UPS. Es gab zwischen mir und einem Vertreter ein Vorgespräch. Mehr aber auch nicht.

Ein interessanter Wettbewerber ist auch Amazon. Amazon versucht in einem ausgelaugten Markt - es gibt nämlich kaum geeignete Bewerber für Zustellaufgaben – eine komplette Zustellorganisation aufzubauen. Das geht natürlich grandios schief, egal wie schön man es auch redet. Bei einer Recherche fragt Amazon, bevor überhaupt Informationen preisgegeben werden, Dinge ab, die sie gelinde gesagt, einfach nichts angehen. Interessant ist aber, dass Amazon entgegen aller anderen Wettbewerber einen Stundensatz zahlt. Das birgt natürlich viele Risiken, die ein Unternehmer erkennen muss, will er erfolgreich sein. Die Länge der Tour, die Menge der Pakete, die nötige Zustellzeit werden durch Leute vorgegeben, die nie tatsächlich Pakete zugestellt haben, sich aber anmaßen, über diese Dinge im Territorium genau Bescheid zu wissen. Natürlich freuen sich die Politiker, im Blitzlichtgewitter stehend, darauf neue „lukrative" Arbeitsplätze präsentieren zu können.

Aber schauen wir uns die Zahlungsmoral Amazons einmal genau an. Der angebotene Stundensatz beträgt für Thüringen 18,75 €/Stunde. Das macht bei einer 8 stündigen Normarbeitszeit einen Erlös von 150 €/Tour aus. Natürlich dürfen die neuen Nachauftragnehmer keine eigenen Fahrzeuge nutzen. Also für einen Unternehmer, der eine eigene Fahrzeugflotte betreibt, völlig uninteressant. Die Fahrzeugkosten bleiben ihm trotzdem und die Paketmenge muss in jedem Fall zugestellt werden. Es gibt keine Rücklauforganisation bei Amazon. Zudem ist Amazon nicht in der Lage das tatsächliche Zustelldatum zu garantieren. Prüfen sie es selbst!

Letztlich und endlich zeigen diese Beispiele, dass praktisch jeder Teilnehmer am Markt das Risiko der letzten Meile, um bei der Hermes-Bezeichnung zu bleiben, auf Nachauftragnehmer abzuwälzen versucht. Warum eigentlich?

Nun, die Antwort ist relativ einfach. Die letzte Meile wird finanziell so kurz gehalten, dass sie praktisch um jedes zugestellte Paket kämpft. Jeder einzelne Cent Erlös ist wichtig. Trotzdem gibt es zu viele Unwägbarkeiten, dass eine stabile Erlöslage gewährleistet werden kann. Vor allem keine Gewinnmarge, die für Investoren interessant wäre. Im Bedarfsfall kann man einen renitenten Nachauftragnehmer immer noch kündigen. Zum

Beispiel, wenn dieser sich auf die salvatorische Klausel beruft und verlangt, dass Dinge, die dem Nachauftragnehmer finanziell Schaden geändert werden. Dazu äußerte sich Herr E. mit den Worten: „Das kann Hermes nicht bezahlen." Nicht nur, dass er keine Ahnung von deutschen Verben hat. Nicht können bedeutet schlicht und ergreifend Zahlungsunfähigkeit. Nicht wollen müsste es heißen. Aber das bedeutet: Hermes will seine eigenen Verträge nicht erfüllen.

Leben und leben lassen, ist also offenbar kein geeignetes Motto. Man könnte eine treue Partnerschaft generieren. Gleichberechtigte Gegenüber entwickeln sich weiter und formen und entwickeln eine beispielhafte Symbiose. War und ist nicht gewollt. Neoliberale Denke verhindert positive Tendenzen. Schließlich gibt es ja Osteuropäer, die für weniger Lohn arbeiten, zumal die Mindestlöhne in Rumänien, Albanien, Bulgarien, Lettland, Estland und Litauen niedriger sind als in Deutschland. Allerdings gibt es dort auch einige andere Sitten. Fehden werden durchaus auch blutig ausgetragen. In Deutschland ist das nicht üblich. Auch wird relativ selten und nur ritualisiert aufbegehrt. Warnstreik, Urabstimmung, Schlichtung, usw. Was passiert eigentlich, wenn sich die Betrogenen zusam-menschließen und auf – sagen wir albanische Art – das Problem angehen. Dann richten sich die Mündungen geladener und entsicherter Hand-feuerwaffen auf den eigenen Körper und außergewöhnlich zittrige Zeigefinger liegen auf dem Abzug. Manchmal werden auch ganze Straßen in die Luft gesprengt, Sizilien, und Familienmitglieder entführt. Detlef Rohwedder, erster Chef der Treuhand, starb eines sehr plötzlichen Todes, nachdem er öffentlich erklärt hatte, jedem DDR-Bürger stünden etwa 64.000 DM aus dem Volksvermögen der DDR zu, Fall ungeklärt. In Polen zum Beispiel bekam jeder Bürger seine Wohnung als Eigentum zugesprochen.

In diesem Zusammenhang muss man sich auch mit Kostenoptimierung befassen. Dieses Staatswesen ist ja mit Kosten für Unternehmer und Privatleute gepflastert, die Preis treibend wirken und doch schützend sein sollen, als hätten wir nie auch nur einen Cent Steuern zu zahlen. Preis treibend sind sie immer! Aber schützend? Nehmen wir als Beispiel die Berufsgenossenschaft, eine Körperschaft öffentlichen Rechts. Schöner Ausdruck! Bürokratendeutsch. Schlicht und ergreifend eine Pflichtversicherung, die die Arbeitssicherheit verbessern soll. Tatsächlich verursacht sie weitere Mehrkosten.

Beispiel: Ein Zusteller steigt ins Auto (Laderaum), sucht ein Paket, steigt wieder aus, stolpert und schlägt sich das Knie auf. Danach fällt er drei Tage aus, bis er wieder relativ schmerzfrei laufen kann. Kostet in der Abrechnung einhundert Euro extra. Statt also froh zu sein, keine Fraktur von Fuß, Knöchel oder Bein zu haben, oder schlimmer gar, der Zusteller stürzt so unglücklich, dass er durch ein vorbei fahrendes Auto erfasst wird und einem plötzlichen Ableben anheimfällt, wird der Unternehmer bestraft. Also muss dem Fahrer klar gesagt werden: Minimale Ausfallzeit 7 Tage! Halten sie das auch für Unfug?

Ein weiterer wichtiger Kostenpunkt sind freiwillige Mitgliedschaften. Da gibt es tolle Lobbyvereinigungen: Zünfte, Innungen, Gilden, Berufsverbände. Diese Leute versprechen einem Un-ternehmer das Blaue vom Himmel. Dabei geht es nicht um Knatsch und Zänkereien mit der Belegschaft. Dafür schafft sich der schlaue Unternehmer einen Betriebsrat an, der auch mal eine Kündigung unterschreibt. Für besonders arbeitssame oder den Betriebsfrieden anderweitig störende Kollegen. Die Anwaltskosten für solche Fälle deckt eine Rechtsschutzversicherung. Das ist also kein Problem. Ein Problem sind Fälle in denen Mediatoren benötigt werden. In praktisch jedem Vertrag steht direkt über den Unterschriften eine salvatorische Klausel. Diese besagt, dass Klauseln im Vertragstext, die sich als untauglich oder nicht praktikabel erweisen, durch solche ersetzt werden, die dem gemeinsamen Ziel besser gerecht werden. Das scheitert bei Hermes bereits daran, dass es kein gemeinsames Ziel gibt. Jedenfalls keins, das der Nachauftragnehmer unterschreiben würde, wüsste er bei Vertragsabschluss bereits davon. Für solche Zwecke schließt man sich gewöhnlich einer Berufsvereinigung an. In meinem Fall der Landesverband Verkehrsgewerbe Thüringen. Der Beitrag erschien mir moderat, die Leistungen meinen Bedürfnissen entsprechend. Dann kommt der Moment, wo man Hilfe braucht. Der Moment der Wahrheit. Der Moment, der Beziehungen auf die Probe stellt. Nachdem der Verband fleißig Monat für Monat Beiträge abbuchen durfte, erklärte er im entscheidenden Moment, er könne die in Aussicht gestellte Leistung nicht erbringen.

Wäre ich doch mit dem Geld mit meiner Frau schön
Essen gegangen!

Resümee: Während die Kosten in diesem Land
überall steigen – schließlich wollen ja jede Menge
inkompetenter Politiker ohne Schulabschluss
versorgt werden – versucht natürlich jeder Bürger
seine Kosten zu optimieren. Viele Leute lassen ihre
Pakete direkt in einen Paketshop liefern.

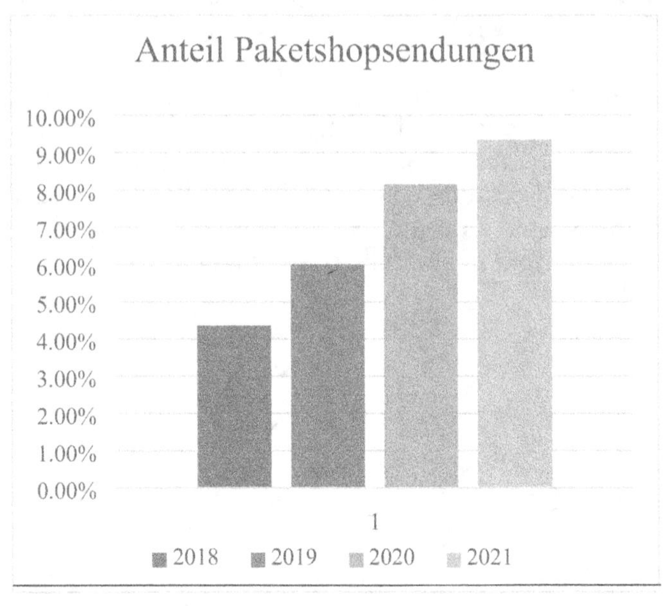

Anteil Paketshopsendungen
10.00%
9.00%
8.00%
7.00%
6.00%
5.00%
4.00%
3.00%
2.00%
1.00%
0.00%
1
2018
2019
2020
2021

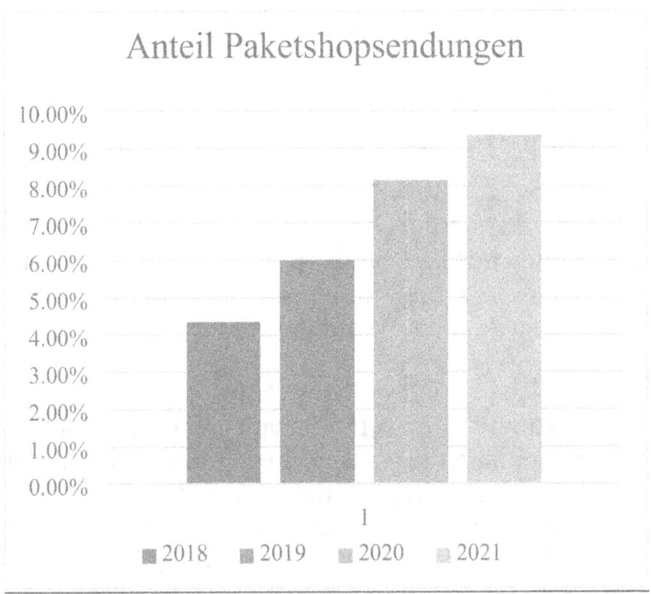


Wie das Diagramm zeigt, stieg der Anteil der Pakete, die Hermes nur als Retouren vergütet von deutlich unter fünf auf fast zehn Prozent. Das ist allerdings nur für den Nachauftragnehmer eine deutliche Erlösschmälerung, die schnell existenzgefährdende Ausmaße annimmt. Diese Statistik ist zudem aus meinen eigenen Daten ermittelt und kann für bestimmte Ballungszentren durchaus noch schlechter aussehen. Hermes weigert sich jedoch darüber zu reden. Stichwort: salvatorische Klausel im Vertragswerk.

Wie wir zudem gesehen haben, ist Hilfe für die Nachauftragnehmer nicht zu erwarten. Nicht von der Polizei – vorgefasste Meinung -, nicht von der Staatsanwaltschaft – kein Interesse, zudem mit sich selbst beschäftigt – und auch nicht von bereits existierenden Verbänden – Arbeitsbeschaffungsmaßnahmen für drittklassige Manager und Juristen. Es wird sich also nichts ändern. Der Zusteller wird, sollte sein Chef pleite gegangen sein, zu einem anderen Nachauftragnehmer wechseln, sich für ähnlich miese oder miesere Bedingungen verdingen, damit er wenigstens seine Miete bezahlen kann, sollte das nicht bereits die Wohngeldstelle übernommen haben.

Was fehlt ist eine schlagkräftige Vereinigung. Wie zum Beispiel die IG Metall. Wahrscheinlich die einzige Gewerkschaft in diesem Land, die das Wort Arbeitskampf nicht nur richtig buchstabieren kann. Aber so lange jemand einen Vertrag bei Hermes unterschreibt und glaubt, er sei ja schlauer als sein Vorgänger ... Die Straftaten, damit er seine eigene Miete bezahlen kann, muss er selbst begehen und auch dafür haften. Das sollte nicht so sein. Es sollten endlich die Verursacher dieser Misere zur Verantwortung gezogen werden.

# Anhang

# Anhang 1: Tourendisposition

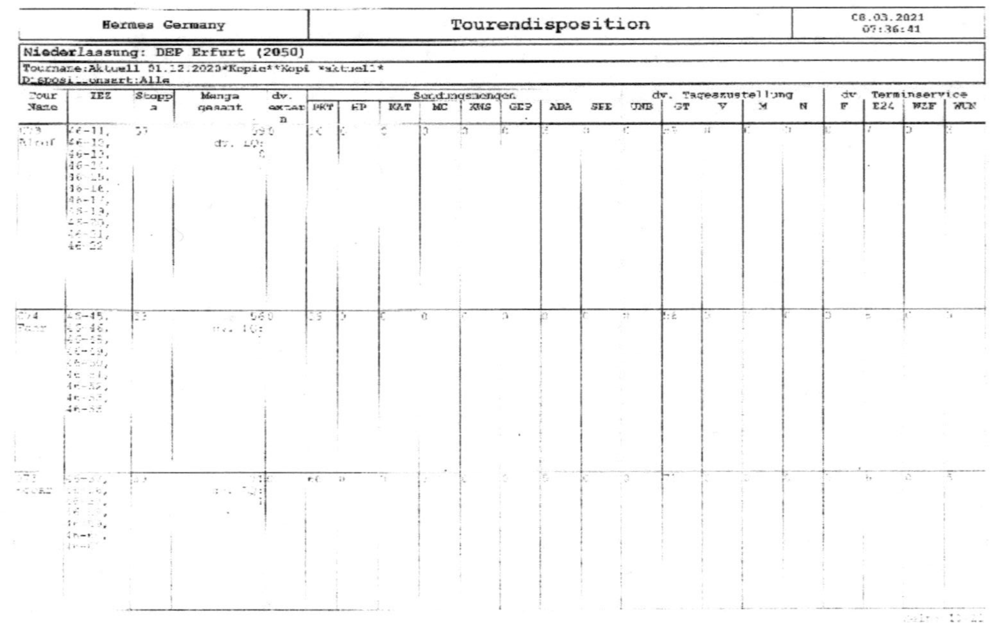

| Hermes Germany | Tourendisposition | 08.03.2021 07:36:41 |
| --- | --- | --- |

**Niederlassung: DEP Erfurt (2050)**
Tourname:Aktuell 01.12.2020*Kopie**Kopi *aktuell*
Dispositionsart:Alle

| Tour Name | IEZ | Stopp a | Menge gesamt | dv. extern | Sendungsmengen | | | | | | | | | dv. Tageszustellung | | | | dv. F | Terminservice | | |
| --- | --- | --- | --- | --- | --- | --- | --- | --- | --- | --- | --- | --- | --- | --- | --- | --- | --- | --- | --- | --- | --- |
| | | | | | PKT | EP | KAT | MC | KMS | GEP | ABA | SEE | UNB | GT | V | M | N | F | E24 | WZF | WUN |
| G7B Alauf | 46-11, 46-12, 46-13, 46-21, 46-15, 46-16, 46-17, 46-18, 46-19, 46-20, 46-21, 46-22 | 57 | 590 dv. 10: 0 | | [illegible] | [illegible] | [illegible] | [illegible] | [illegible] | [illegible] | [illegible] | [illegible] | [illegible] | [illegible] | [illegible] | [illegible] | [illegible] | [illegible] | [illegible] | [illegible] | [illegible] |
| G74 Fahr | 46-45, 46-46, 46-15, 46-19, 46-50, 46-51, 46-52, 46-53, 46-55 | [illegible] | 960 dv. 10: | | [illegible] | [illegible] | [illegible] | [illegible] | [illegible] | [illegible] | [illegible] | [illegible] | [illegible] | [illegible] | [illegible] | [illegible] | [illegible] | [illegible] | [illegible] | [illegible] | [illegible] |
| [illegible] | [illegible] | [illegible] | [illegible] | | [illegible] | [illegible] | [illegible] | [illegible] | [illegible] | [illegible] | [illegible] | [illegible] | [illegible] | [illegible] | [illegible] | [illegible] | [illegible] | [illegible] | [illegible] | [illegible] | [illegible] |

| Hermes Germany | Tourendisposition | 08.03.2021 07:36:41 |
| --- | --- | --- |

Niederlassung: DEP Erfurt (2050)

Tourname:Aktuell 01.12.2020*Kopie**Kopi *aktuell*
Dispositionsart Alle

| Tour Name | TKL | Stopp # | Menge gesamt | dv. exter- nA | Sendungsmengen | | | | | | | | dv. Tageszustellung | | | | | dv. Terminservice | | | |
| --- | --- | --- | --- | --- | --- | --- | --- | --- | --- | --- | --- | --- | --- | --- | --- | --- | --- | --- | --- | --- | --- |
| | | | | | PKT | HP | KAT | MC | KWS | GEP | ABA | SPE | UKN | GT | V | M | N | F | E24 | WEF | WUN |
| 077 Alpha | 46-77, 46-80, 46-81, 46-83, 46-84, 46-86, 46-87 | [illegible] | dv. LQ: [illegible] | [illegible] | | | | | | | | | | | | | | | | | |
| 079 Bravo | 46-22, 46-19, 46-73, 46-42, 46-47, 46-64, 46-72, 46-73, 46-75, 46-76, 46-79, 46-73 | [illegible] | dv. LQ: [illegible] | [illegible] | | | | | | | | | | | | | | | | | |

| Hermes Germany | Tourendisposition | 04.03.2021 07:36:41 |
| --- | --- | --- |

**Niederlassung: DEP Erfurt (2050)**

Tourname:Aktuell 01.12.2020*Kopie**Kopi *aktuell*
Dispositionsart:Alle

| Tour Name | TEI | Stopp z | Menge gesamt | dv. water n | Sendungsmengen | | | | | | | | | dv. Tageszustellung | | | | dv. Terminservice | | | |
| --- | --- | --- | --- | --- | --- | --- | --- | --- | --- | --- | --- | --- | --- | --- | --- | --- | --- | --- | --- | --- | --- |
| | | | | | PKT | HP | KAT | HC | KMS | GKP | ASA | SPE | UNB | GT | V | H | N | F | E24 | WiF | WUN |
| CB1 A1 Zu | [illegible] | [illegible] | dv. [illegible] | [illegible] | [illegible] | [illegible] | [illegible] | [illegible] | [illegible] | [illegible] | [illegible] | [illegible] | [illegible] | [illegible] | [illegible] | [illegible] | [illegible] | [illegible] | [illegible] | [illegible] | [illegible] |
| [illegible] Trans | [illegible] | [illegible] | dv. [illegible] | [illegible] | [illegible] | [illegible] | [illegible] | [illegible] | [illegible] | [illegible] | [illegible] | [illegible] | [illegible] | [illegible] | [illegible] | [illegible] | [illegible] | [illegible] | [illegible] | [illegible] | [illegible] |

| Hermes Germany | Tourendisposition | 08.03.2021 07:36:41 |
| --- | --- | --- |

**Niederlassung: DEP Erfurt (2050)**

Tourname:Aktuell 01.12.2020*Kopie**Kop: *aktuell*
Dispositionsart:Alle

| Tour Name | TEZ | Stopps | Menge gesamt | dv. exter n | Buchungsmengen | | | | | | | | dv. Tageszustellung | | | | | dv. Terminservice | | |
| --- | --- | --- | --- | --- | --- | --- | --- | --- | --- | --- | --- | --- | --- | --- | --- | --- | --- | --- | --- | --- |
| | | | | | PKT | HP | KAT | MC | KWS | GEP | ABA | SVE | UMB | UT | V | H | H | F | E24 | WEF | WÜN |
| [illegible] Alpha | [illegible] | [illegible] | [illegible] | [illegible] | | | | | | | | | | | | | | | | | |
| [illegible] | [illegible] | [illegible] | [illegible] | [illegible] | | | | | | | | | | | | | | | | | |

# Anlage 2: Orientierungsliste



**Niederlassung: DEP Erfurt (2050)**

Tour: 30   Hermes-Bote: Bernhardt   Gehilfe:

| TE-ZB | Strasse Nr / Adresszusatz | Ort | SE_ID | Art | NK | V/N | TER | Hinweis |
|---|---|---|---|---|---|---|---|---|
| 46-33 | MAX GREIL SIEDLUNG 33 / Samstag: 09:00-21:00 Uhr | TROESSDORF | [illegible] / Auftraggeber unbekannt | ABA | | | | |
| 46-47 | STRAUSBURGER PLATZ 2 / Samstag: 08:00-13:00 Uhr | WEIMAR | [illegible] / OTTO | TLA | | | E24 | |
| | | | [illegible] / MeTro | PKT | | | | |
| 46-73 | ROSSMER STR. 14 / Samstag: 09:00-13:30 Uhr | WEIMAR | [illegible] / DHL | PKT | | | | |
| | | | [illegible] / OTTO | TLE | | | E24 | |
| | | | [illegible] / OTTO | TLE | | | | |
| | | | [illegible] / Amazon Fue (VMBG2) | PKT | | | | |
| | | | [illegible] / DHC Deutschland GmbH | PKT | | | | |
| | | | [illegible] / Verbad - Kaufleute | PKT | | | | |
| | | | [illegible] / I-SH Logistikzentrum | PKT | | | E24 | [illegible] |
| | | | [illegible] / EAA Online GmbH | PKT | | | | |
| | | | [illegible] / DHC Deutschland GmbH | PKT | | | | |
| | | | [illegible] / asos DE Paib | PKT | | | | |
| | | | [illegible] / OTTO | TLE | | | | |
| | | | [illegible] / Baur Versand | TWE | | | | |
| | | | [illegible] / OTTO | TLE | | | E24 | |
| | | | [illegible] / OTTO | PKT | | | | |
| | | | [illegible] / OTTO | PKT | | | E24 | |
| | | | [illegible] / LRANGO DEU (Albertus) | TLE | | | | |
| | | | [illegible] / OTTO | PKT | | | | |
| | | | [illegible] / Bath an (VBR) | TLE | | | | |
| | | | [illegible] / ABOUT YOU GmbH (VLV) | PKT | | | | |
| | | | [illegible] / asherin (DE) Lippr | PKT | | Z 09:30-11:30 | | |
| | | | [illegible] / Amazon Fue (DTM) | PKT | | | | |
| 46-76 | AM ALTEN SPEICHER 5 | WEIMAR | [illegible] / Wagner Automate GmbH | PKT | | Z 09:30-11:30 | | |
| 46-77 | AM FUCHSBERGE 30 | WEIMAR | [illegible] / DHC Deutschland GmbH | PKT | | Z 11:00-15:00 | | |
| 46-77 | MATTSTEDTER WEIDEN 2 | WEIMAR | [illegible] / Tue Express | PKT | | | | |

**Hermes**  Ohne Unterschrift sofort datenschutzgerecht entsorgen; mit Unterschrift datenschutzgerecht archivieren und nach max. 12 Monaten datenschutzgerecht entsorgen.   06.03.2021  08:21:36

Niederlassung: DEP Erfurt (2050)

Tour: 86   Hermes-Bote: Bechhardt   Gefolfe

| TE-ZE | Strasse HNr / Adresszusatz | Ort | SE_ID | Art | NN | V/N | TEB | Hinweis |
|---|---|---|---|---|---|---|---|---|
| 46-77 | RöDCHENWEG 1 | WEIMAR | [illegible] (OTTO) | TUB | | Z 11:00-13:00 | RJA | |
| 46-77 | RöDCHENWEG 3 | WEIMAR | [illegible] Privatservice | PKT | | | PBJ2 | |
| 46-77 | RöDCHENWEG 4 | WEIMAR | [illegible] (OTTO) | PKT | | Z 16:00-18:00 | | |
| 46-77 | RöDCHENWEG 5 | WEIMAR | [illegible] Privatservice | PKT | | Z 16:00-18:00 | | |
| 46-78 | RIESSNER STR. 15 / WüRTH GMBH | WEIMAR | [illegible] DVC Deutschland GmbH | PKT | | Z 09:00-12:00 | | |
| 46-78 | RIESSNERSTR. 3 | WEIMAR | [illegible] Lidl Digital - Flixe | TUB | | Z 09:00-12:00 | | |
| 46-78 | RIESSNERSTR. 6 | WEIMAR | [illegible] (OTTO) | TUB | | Z 09:00-12:00 | RJA | |
| 46-78 | RIESSNERSTR. 11 | WEIMAR | [illegible] (OTTO) | TUB | | Z 09:30-12:00 | RJA | |
| 46-78 | RIESSNERSTR. 37 / STAR TANKSTELLE | WEIMAR | [illegible] (OTTO) | PKT | | Z 09:00-12:00 | RJA | |
| 46-79 | SCHULZE DELITZSCH STR. 1 / Samstag: 07:00-13:00 Uhr | WEIMAR | [illegible] LIMANGO DEU (Rhenus) | PKT | | | | |
| | | | [illegible] LIMANGO DEU (Rhenus) | PKT | | | | |
| | | | [illegible] LIMANGO DEU (Rhenus) | PKT | | | | |
| | | | [illegible] LIMANGO DEU (Rhenus) | PKT | | | | |
| | | | [illegible] LIMANGO DEU (Rhenus) | TUB | | | | |
| | | | [illegible] sonra DE Plus | PKT | | | | |
| | | | [illegible] H&M Bärdewest | PKT | | | | |
| | | | [illegible] LIMANGO DEU (Rhenus) | PKT | | | | |
| | | | [illegible] Limango_Outlet | TUB | | | | |
| | | | [illegible] LIMANGO DEU (Rhenus) | PKT | | | | |
| | | | [illegible] (Amazon Flat (POZ1)) | PKT | | | | |
| | | | [illegible] LIMANGO DEU (Rhenus) | PKT | | | | |
| 46-79 | SCHULZE-DELITZSCH-STRASSE 1 | WEIMAR | [illegible] DVC Deutschland GmbH | PKT | | Z 11:00-16:00 | | |

| | |
|---|---|
| Sendungen + ABA: | 49 |
| Anzahl Stopps : | 17 |
| Anzahl PaketShop-Bücher: | 3 |
| Gesamtgewicht nach Avis: | 62,522 kg |

**Anlage 3:** Ladeliste (Angeblich als Dokument von Hermes abgeschafft, aber sehr wichtig!)

| Hermes Germany | Lademengen | 20.09.2017 10:05:51 |
| --- | --- | --- |

**SAT: Döllstädt**

| Tour: 750 | Wagen Nr.:9999 |
| --- | --- |
| Zusteller:SOM Sommer | Tourdatum:20.09.17 |

| Abrechnungsklasse | Menge |
| --- | --- |
| 170 | 1 |
| 101 | 20 |
| 100 | 167 |
| 0 | 2 |
| Gesamtsumme: | 190 |

# Anhang 4: Empfangsquittung

# Hermes — Empfangsquittung

27.02.2021
16:43:52

**Niederlassung: DEP Erfurt (2050)**

| Tour: 079 | Tourdatum: 27.02.2021 | FR: |
| TA | RL: | Hermes-Bote: Hofmann |
| TE: 46, 47 | Fahrzeug-Nr.: null | Gehilfe: |

## Lademenge — Sendungskategorien / Verpackungsstellung

| | PKT | HP | KAT | KWS | GEP | SPE | BRF | ABA | UAB | SKY-P | PAP-P | TV1 | TV2 |
|---|---|---|---|---|---|---|---|---|---|---|---|---|---|
| menge | 34 | 0 | 0 | 0 | 0 | 0 | 0 | 0 | 0 | 0 | 0 | 0 | 0 |

## Lademenge — dv. Tageszustellung / davon Terminservice / davon Diverse

| | G7 | V | M | N | F | E24 | W2F | SAM | WUN | LMS | HN | BAN | QRV |
|---|---|---|---|---|---|---|---|---|---|---|---|---|---|
| menge | 34 | 0 | 0 | 0 | 0 | 4 | 0 | 0 | 0 | 0 | 0 | 0 | 0 |

| Zustellungen | Sendungen | Abholaufträge | ABA | BAN |
|---|---|---|---|---|
| Lademenge Gesamt: | 34 | Lademenge Gesamt: | 0 | 0 |
| Rücklauf A | 0 | Rücklauf A | 0 | 0 |
| Rücklauf F | 0 | Rücklauf V | 0 | 0 |
| Rücklauf N1 / N2 | 0 | Rücklauf N1 | 0 | 0 |
| Rücklauf N3 / N4 | 0 | Rücklauf N2 | 0 | 0 |
| Rücklauf Z | 0 | Rücklauf N3 / N4 | 0 | 0 |
| Rücklauf KG | 0 | Rücklauf Z | 0 | 0 |
| Rücklauf U + S | 0 | Rücklauf KG | 0 | 0 |
| Rücklauf I | 0 | Rücklauf U + S | 0 | 0 |
| Rücklauf NP | 1 | Rücklauf V | 0 | 0 |
| Rücklauf V | 0 | Rücklauf Gesamt gescannt | 0 | 0 |
| Rücklauf Gesamt gescannt | 1 | erledigte Aufträge | 0 | 0 |
| davon Nachnahme-Sendungen | 0 | davon ohne TA | 0 | 0 |
| davon ohne TA | 0 | davon ohne Sendung | 0 | 0 |
| Zustellmenge | 35 | Abholmenge | | 0 |
| davon ohne TA | 1 | davon Paketshop-Retouren | | 0 |
| Rl.-Sendungen nicht gescannt | 0 | davon Sendungsübernahmen | | 0 |
| Rl.-Retouren nicht gescannt | 0 | Mitnahmemenge | | 253 |
| Anzahl Sendungsablieferungsbelege | 1 | davon Paketshop-Retouren | | 253 |
| Anzahl Stornierungsbelege | 0 | davon Selbstanlieferung | | 0 |
| ID's Rücklauf nicht gescannt | | | | |
| ID's Bearbeitung ohne TA | | | 1X0651490010697 | |
| Rückgabemenge Gesamt | 254 | Paketshop-Stopps | | 4 |
| Auftraggeber-Stopps | 0 | davon ohne Sendung | | 0 |

| Km Abfahrt | Anzahl der Kunden | 11 | Arbeitsgang Ende | 16:24 |
| Km Ankunft | Arbeitszeit Anfang | | Arbeitszeit Ende | |
| Tages-Km | Arbeitsgang Anfang | 06:06 | Pause gesamt | |

| Anzahl BNK: 0 | Einmal VM: 0 | Dauer VM: 0 | NBZ: 0 | Paketsh. VM: 2 | Anzahl Qts: 0 |
| Quote NBK 0.0% | Lesit erfolgreich | Stopps/Std.3 6203738 | | Wertsendungen: 0 |

Bitte nachfolgenden Text vor Ihrer Unterschrift lesen!



**Unterschrift Hermes-Bote**  **Unterschrift Rücklauf**

**Hermes**

Mengenauswertung-Liste

03.04.2021
08:31:36

Niederlassung: DEP Erfurt (2050)

Datum: 01.04.21 bis 01.04.21  Status: Tourenausgang  Tour: 79

| Barcode / TEZE | Auftraggeber | Vorname / Name | Straße HNr / PLZ Ort | AK | Status / Datum | Zustelltag / Hermes-Zeitfenster | gelagert bis |
|---|---|---|---|---|---|---|---|
| [illegible] 46-84 | H&M Fashion | FRIEDAS ECK | RÖDCHENSTR. 1 / 99423 WEIMAR | 100 Standardzustellung | SE 01.04.2021 11:45 | | |
| [illegible] 46-84 | Weekday XPO logistics | FRIEDAS ECK | RÖDCHENSTR. 1 / 99423 WEIMAR | 100 Standardzustellung | SE 01.04.2021 11:45 | | |
| [illegible] 46-73 | Next (Pardo) | SHELL TANKSTELLE | RIESSNER STR. 14 / 99427 WEIMAR | 100 Standardzustellung | SE 01.04.2021 12:28 | | |
| [illegible] 46-15 | OTTO | LANDMARKT BERLSTEDT | SCHWERSTEDTERSTR. 3-4 / 99439 BERLSTEDT | 100 Standardzustellung | SE 01.04.2021 38:24 | | |
| [illegible] 46-73 | bringex | TABAK LOTTO PRESSE | SCHRAZE DRLITZSCH STR. 1 / 99427 WEIMAR | 100 Standardzustellung | SE 01.04.2021 12:28 | | |
| [illegible] 46-73 | OTTO | SHELL TANKSTELLE | RIESSNER STR. 14 / 99427 WEIMAR | 101 Eilsendung Standard | SE 01.04.2021 12:28 | | |
| [illegible] 46-73 | Amazon Fut (PARD) | SHELL TANKSTELLE | RIESSNER STR. 14 / 99427 WEIMAR | 101 Eilsendung Standard | SE 01.04.2021 12:28 | | |
| [illegible] 46-73 | DHL Express | SHELL TANKSTELLE | RIESSNER STR. 14 / 99427 WEIMAR | 100 Standardzustellung | SE 01.04.2021 12:28 | 01.04.2021 18:30-18:30 | |
| [illegible] 46-73 | OTTO | SHELL TANKSTELLE | RIESSNER STR. 14 / 99427 WEIMAR | 101 Eilsendung Standard | SE 01.04.2021 12:29 | 01.03.2021 | |
| [illegible] 46-73 | OTTO | SHELL TANKSTELLE | RIESSNER STR. 14 / 99427 WEIMAR | 101 Eilsendung Standard | SE 01.04.2021 12:29 | 01.03.2021 | |
| [illegible] 46-42 | OTTO | SCHREIBWAREN KECK | KARL LIEBKNECHT STR. 3A / 99425 WEIMAR | 100 Standardzustellung | SE 01.04.2021 12:54 | 01.04.2021 [illegible] | |
| [illegible] 46-73 | Amazon Fut CARGO2 | SHELL TANKSTELLE | RIESSNER STR. 14 / 99427 WEIMAR | 101 Eilsendung Standard | SE 01.04.2021 12:28 | | |
| [illegible] 46-84 | EBAY | FRIEDAS ECK | RÖDCHENSTR. 1 / 99423 WEIMAR | 100 Standardzustellung | SE 01.04.2021 11:45 | | |
| [illegible] 46-73 | H&M Braasswag | SHELL TANKSTELLE | RIESSNER STR. 14 / 99427 WEIMAR | 100 Standardzustellung | SE 01.04.2021 12:28 | | |
| [illegible] 46-73 | Amazon Fut (CON1) | SHELL TANKSTELLE | RIESSNER STR. 14 / 99427 WEIMAR | 101 Eilsendung Standard | SE 01.04.2021 12:28 | | |
| [illegible] 46-42 | Mono XPO logistics | SCHREIBWAREN KECK | KARL LIEBKNECHT STR. 3A / 99423 WEIMAR | 100 Standardzustellung | SE 01.04.2021 12:54 | | |
| [illegible] 46-73 | LIMANGO DEU (Ottenu) | SHELL TANKSTELLE | RIESSNER STR. 14 / 99427 WEIMAR | 100 Standardzustellung | SE 01.04.2021 12:28 | | |
| [illegible] 46-84 | Vinted Kleiderkreisel GmbH | FRIEDAS ECK | RÖDCHENSTR. 1 / 99423 WEIMAR | 100 Standardzustellung | SE 01.04.2021 11:45 | | |
| [illegible] 46-73 | OTTO | SHELL TANKSTELLE | RIESSNER STR. 14 / 99427 WEIMAR | 101 Eilsendung Standard | SE 01.04.2021 12:28 | | |
| [illegible] 46-73 | Amazon Fut (PARD) | SHELL TANKSTELLE | RIESSNER STR. 14 / 99427 WEIMAR | 101 Eilsendung Standard | SE 01.04.2021 12:28 | | |
| [illegible] 46-84 | OTTO | FRIEDAS ECK | RÖDCHENSTR. 1 / 99423 WEIMAR | 100 Standardzustellung | SE 01.04.2021 11:45 | | |
| [illegible] 46-73 | OTTO | GETRÄNKE KIRCHNER | MAX GREIL SIEDLUNG 32 / 99428 THÖRNSDORF | 100 Standardzustellung | SE 01.04.2021 19:4[illegible] | | |
| [illegible] 46-42 | Weekday XPO logistics | SCHREIBWAREN KECK | KARL LIEBKNECHT STR. 3A / 99423 WEIMAR | 10[illegible] Standardzustellung | SE 01.04.2021 12:54 | | |
| [illegible] 46-63 | Kleinange_Guost | AUGENOPTIK WEISS | DIOWILLS TALKOFSTR. 2 / 99423 WEIMAR | 100 Standardzustellung | SE 01.04.2021 12:3[illegible] | | |
| [illegible] 46-73 | OTTO | SHELL TANKSTELLE | RIESSNER STR. 14 / 99427 WEIMAR | 100 Standardzustellung | SE 01.04.2021 12:28 | | |
| [illegible] 46-73 | OTTO | SHELL TANKSTELLE | RIESSNER STR. 14 / 99427 WEIMAR | 101 Eilsendung Standard | SE 01.04.2021 12:28 | | |
| [illegible] 46-73 | MyToys | SHELL TANKSTELLE | RIESSNER STR. 14 / 99427 WEIMAR | 100 Standardzustellung | SE 01.04.2021 12:28 | | |

**Niederlassung: DEP Erfurt (2050)**

Datum: 01.04.21 bis 01.04.21     Status: Tourenausgang     Tour: 79

| Barcode TEZE | Auftraggeber | Vorname Name | Straße HNr PLZ Ort | AK | Status Datum | Zustelltag Hermes-Zeitfenster | gelagert bis |
|---|---|---|---|---|---|---|---|
| H10291901[illegible]4422002069 46.73 | Amazon File (DTM1) | SHELL TANKSTELLE | RIESSNER STR. 14 99427 WEIMAR | 101 Einsendung Standard | 06 01.04.2021 12:29 | | |
| 3308[illegible]16001859 46.73 | OTTO | SHELL TANKSTELLE | RIESSNER STR. 14 99427 WEIMAR | 100 Standardbeilung | 06 01.04.2021 12:29 | | |
| 4609[illegible]0660747[illegible] 46.73 | OTTO | SHELL TANKSTELLE | RIESSNER STR. 14 99427 WEIMAR | 101 Sitzendung Standard | 06 01.04.2021 12:28 | | |
| 5908[illegible]0960C791 46.64 | H&M Boleslawiec | FRIEDIS ECK | ROEHRSTR. 1 99423 WEIMAR | 100 Standardbeilung | 06 01.04.2021 11:49 | | |
| 5908[illegible]0960055[illegible] 46.64 | H&M Boleslawiec | FRIEDIS ECK | ROEHRSTR. 1 99423 WEIMAR | 100 Standardbeilung | 06 01.04.2021 11:49 | | |
| H1029[illegible]000201000'069 46.73 | Shein | SHELL TANKSTELLE | RIESSNER STR. 14 99427 WEIMAR | 100 Standardbeilung | 06 01.04.2021 12:05 | | |
| 0298[illegible]0305569 46.42 | Privatservice | SCHREIBWAREN KECK | KARL LIEBKNECHT STR. 2A 99423 WEIMAR | 100 Standardbeilung | 06 01.04.2021 10:54 | | |
| 2308[illegible]60509539 46.30 | OTTO | GETRAENKE KIRCHNER | MAX GREIL SIEDLUNG 32 99428 TROEBSDORF | 130 Standardbeilung | 06 01.04.2021 10:27 | | |
| 3308[illegible]6322614 46.30 | OTTO | GETRAENKE KIRCHNER | MAX GREIL SIEDLUNG 32 99428 TROEBSDORF | 170 Standardbeilung | 06 01.04.2021 10:32 | | |
| [illegible] 46.73 | Limango_Outlet | SHELL TANKSTELLE | RIESSNER STR. 14 99427 WEIMAR | 100 Standardbeilung | 06 01.04.2021 12:29 | | |
| 2807[illegible]169T30314 46.73 | Next (Pukki) | SHELL TANKSTELLE | RIESSNER STR. 14 99427 WEIMAR | 100 Standardbeilung | 06 01.04.2021 12:29 | | |
| H1021800066608101069 46.73 | Bestseller | SHELL TANKSTELLE | RIESSNER STR. 14 99427 WEIMAR | 100 Standardbeilung | 06 01.04.2021 12:29 | | |
| A908[illegible]6900219[illegible] 46.73 | Sixt.ar (Volti) | SHELL TANKSTELLE | RIESSNER STR. 14 99427 WEIMAR | 100 Standardbeilung | 06 01.04.2021 12:29 | | |
| 5908[illegible]6920121[illegible] 46.75 | Privatservice | IDOR | NORDSTRASSE 5 99427 WEIMAR | 100 Standardbeilung | SEZ Medea 01.04.2021 10:05 | 01.04.2021 09:00-11:00 | |
| 2808[illegible]9916029 46.75 | PostNL (CBP) | AIDEN RYAN MYGERMANY | NORDSTRASSE 5 99427 WEIMAR | 100 Standardbeilung | SEZ Medea 01.04.2021 10:05 | 01.04.2021 09:00-11:00 | |
| 0208[illegible]6900710 46.75 | EBAY | EMILY SANDY MYGERMANY | NORDSTRASSE 5 99427 WEIMAR | 100 Standardbeilung | SEZ Medea 01.04.2021 10:05 | 01.04.2021 09:00-11:00 | |
| 2908[illegible]91808[illegible] 46.75 | PostNL (CBP) | RHINO RETURNS MY GER | NORDSTR. 5 99427 WEIMAR | 100 Standardbeilung | SEZ Medea 01.04.2021 10:05 | 01.04.2021 09:00-11:00 | |
| 0908[illegible]6320[illegible]5 46.75 | Privatservice | ZB ALEKSANDRS KARCLIS | NORDSTRASSE 5 99427 WEIMAR | 100 Standardbeilung | SEZ Medea 01.04.2021 10:05 | 01.04.2021 09:00-11:00 | |
| 0208[illegible]10900569[illegible] 46.73 | EBAY | JONAS BRUNBERG | MY GERMANY 99427 WEIMAR | 100 Standardbeilung | SEZ Medea 01.04.2021 10:05 | | |
| A208[illegible]6900559[illegible] 46.75 | Privatservice | PAOLINO MICHELAZZO | NORDSTRASSE 5 99427 WEIMAR | 100 Standardbeilung | SEZ Medea 01.04.2021 13:04 | | |
| 0208[illegible]6900670[illegible] 46.75 | Privatservice | NICOLAS SOLUCIONES ESCOLARES SPA | NORDSTRASSE 5 99427 WEIMAR | 100 Standardbeilung | SEZ Medea 01.04.2021 10:04 | | |
| 0208[illegible]0900454[illegible] 46.25 | Privatservice | JUNE KURTZ | NORDSTRASSE 5 99427 WEIMAR | 105 Standardbeilung | SEZ Medea 01.04.2021 10:05 | 01.04.2021 09:00-11:00 | |
| 0208[illegible]6901[illegible]08 46.73 | Privatservice | KATHERINE OHS MY GERMANY | NORDSTRASSE 5 99427 WEIMAR | 100 Standardbeilung | SEZ Medea 01.04.2021 10:05 | 01.04.2021 09:00-11:00 | |
| 0208[illegible]6900775[illegible] 46.75 | Privatservice | DANIELLA SONIA MYGERMANY | NORDSTRASSE 5 99427 WEIMAR | 100 Standardbeilung | SEZ Medea 01.04.2021 10:05 | 01.04.2021 09:00-11:00 | |
| 0208[illegible]6900680[illegible] 46.73 | Privatservice | MATHIAS WESTLING | NORDSTGASSE 5 99427 WEIMAR | 100 Standardbeilung | SEZ Medea 01.04.2021 10:05 | 01.04.2021 09:00-11:00 | |
| 0208[illegible]9017490 46.73 | EBAY | JUAN JOSE MARIN MARTINEZ MYGERMANY | NORDSTRASSE 5 99427 WEIMAR | 100 Standardbeilung | SEZ Medea 01.04.2021 12:53 | | |
| 3908[illegible]6905841 46.25 | Save on (Voli) | [illegible] USA | RIESSNER STR. 14 99427 WEIMAR | 100 Standardbeilung | SEZ Medea 01.04.2021 12:55 | 01.04.2021 09:00-11:00 | |

# Hermes

**Mengenauswertung-Liste**

03.04.2021
08:31:36

Niederlassung: DEP Erfurt (2050)     Status: Tourenausgang     Tour: 78

Datum: 01.04.21 bis 01.04.21

| Barcode<br>TEZE | Auftraggeber | Vorname<br>Name | Straße HNr<br>PLZ Ort | AK | Status<br>Datum | Zustelltag<br>Hermes-Zeitfenster | gelagert bis |
|---|---|---|---|---|---|---|---|
| [illegible]87144<br>46.75 | Privatservice | KATHERINE<br>OSS | NORDSTRASSE 5<br>99427 WEIMAR | 100 Standardbeilung | SEZ Medea<br>01.04.2021 10.05 | 01.04.2021<br>09.00-11.00 | |
| [illegible]351130<br>46.75 | Privatservice | 3.TOMATBSSTRZ | NORDSTRASSE 5<br>99427 WEIMAR | 100 Standardbeilung | SEZ Medea<br>01.04.2021 10.05 | 01.04.2021<br>09.00-11.00 | |
| [illegible]28447<br>46.75 | Privatservice | ANJA<br>VISSEL | RIESSNERSTR. 37<br>99427 WEIMAR | 100 Standardbeilung | SEZ Medea<br>01.04.2021 10.24 | 01.04.2021<br>09.30-12.30 | |
| [illegible]11653<br>46.75 | Privatservice | CIHCWASH<br>GALE LIANG MYGERMANY | NORDSTRASSE 5<br>99427 WEIMAR | 100 Standardbeilung | SEZ Medea<br>01.04.2021 19.55 | 01.04.2021<br>09.00-11.00 | |
| [illegible]010790<br>46.75 | EBAY | UWE BOESCHEN<br>MYGERMOVE | NORDSTRASSE 5<br>99427 WEIMAR | 100 Standardbeilung | SEZ Medea<br>01.04.2021 19.55 | 01.04.2021<br>09.00-11.00 | |
| [illegible]03090<br>46.75 | Privatservice | LORI<br>KLEHNER / MYGERMANY | NORDSTRASSE 5<br>99427 WEIMAR | 100 Standardbeilung | SEZ Medea<br>01.04.2021 10.05 | 01.04.2021<br>09.00-11.00 | |
| [illegible]05609<br>46.75 | EBAY | DMITRI RASHINSKIJ<br>MYGERMANY | NORDSTRASSE 5<br>99427 WEIMAR | 100 Standardbeilung | SEZ Medea<br>01.04.2021 19.05 | 01.04.2021<br>09.00-11.00 | |
| [illegible]30333<br>46.75 | Privatservice | MYGER | NORD STR 1<br>99427 WEIMAR | 100 Standardbeilung | SEZ Medea<br>01.04.2021 10.05 | 01.04.2021<br>09.00-11.00 | |
| [illegible]08268<br>46.75 | Privatservice | ANDRES<br>SCHULZ | NORDSTR 1<br>99427 WEIMAR | 100 Standardbeilung | SEZ Medea<br>01.04.2021 19.05 | 01.04.2021<br>09.00-11.00 | |
| [illegible]10311<br>46.75 | Privatservice | ERIC<br>KNAAP MYGERMANY | NORDSTRASSE 1<br>99427 WEIMAR | 100 Standardbeilung | SEZ Medea<br>01.04.2021 10.24 | 01.04.2021<br>09.30-12.30 | |
| [illegible]08955<br>46.75 | Privatservice | ANJA<br>VISSEL | RIESSNER STRASSE 37<br>99427 WEIMAR | 100 Standardbeilung | SEZ Medea<br>01.04.2021 19.05 | 01.04.2021<br>09.00-12.00 | |
| [illegible]02088<br>46.75 | Energo | FRANZISKA<br>ROMBERG | NORDSTR 3<br>99427 WEIMAR | 100 Standardbeilung | SEZ Medea<br>01.04.2021 19.05 | 01.04.2021<br>09.30-12.30 | |
| [illegible]704069<br>46.75 | Racon (Berlin) | DENIS<br>REICHE | RIESSNERSTR. 33<br>99427 WEIMAR | 100 Standardbeilung | SEZ Medea<br>01.04.2021 19.05 | 01.04.2021<br>09.00-17.00 | |
| [illegible]02579<br>46.75 | Privatservice | HASSAN MUBARAK<br>ALMUTAIRI MYGERMANY | NORDSTRASSE 5<br>99427 WEIMAR | 100 Standardbeilung | SEZ Hermes<br>01.04.2021 18.05 | 01.04.2021<br>09.00-11.00 | |
| [illegible]01957<br>46.75 | Privatservice | KATHERINE<br>OSS | NORDSTRASSE 5<br>99427 WEIMAR | 100 Standardbeilung | SEZ Medea<br>01.04.2021 10.05 | 01.04.2021<br>09.00-11.00 | |
| [illegible]02158<br>46.75 | EBAY | DANDOWKOS A<br>DANDOPOULOS MYGERMANY | NORDSTRASSE 5<br>99427 WEIMAR | 100 Standardbeilung | SEZ Medea<br>01.04.2021 10.05 | 01.04.2021<br>09.00-11.00 | |
| [illegible]01312<br>46.75 | Privatservice | AN OTUCHL M1<br>OLCHANY | NORDSTRASSE 5<br>99427 WEIMAR | 100 Standardbeilung | SEZ Medea<br>01.04.2021 12.55 | 01.04.2021<br>09.00-11.00 | |
| [illegible]00069<br>46.75 | Amazon Flex (XFROD) | SHELL TANKSTELLE | RIESSNER STR 14<br>99427 WEIMAR | 101 Eisenberg Standard | SEZ Fedex<br>01.04.2021 10.05 | | |
| [illegible]38742<br>46.73 | Bangna | SHELL TANKSTELLE | RIESSNER STR 14<br>99427 WEIMAR | 100 Standardbeilung | SEZ Fedex<br>01.04.2021 13.32 | | |
| [illegible]28730<br>46.73 | Bangna | SHELL TANKSTELLE | RIESSNER STR. 14<br>99427 WEIMAR | 100 Standardbeilung | SEZ Fedex<br>01.04.2021 13.32 | | |
| [illegible]20065<br>46.73 | Bangna | SHELL TANKSTELLE | RIESSNER STR. 14<br>99427 WEIMAR | 100 Standardbeilung | SEZ Fedex<br>01.04.2021 13.32 | | |
| [illegible]155383<br>46.75 | BF Express | RAZZOUK AL FARAJ | NORDSTRASSE 4<br>99427 WEIMAR | 100 Standardbeilung | TA<br>03.04.2021 07.32 | 03.04.2021<br>09.00-13.25 | |

Anzahl Datensätze: 76

Die Fotos auf den folgenden Seiten sind Beispiele für die Fehlcodierung innerhalb des Hermescomputersystems, die zu nicht notwendigen Rückläufern bzw. Umwege Fahrten der Zusteller führen. Darüber hinaus sind die Umwege im Google-Maps dargestellt.

Zudem sollte erwähnt werden, dass die Gemeinde Berlstedt zum Amt Ettersburg gehört, während die Gemeinde Sachsenhausen zum Amt Ilmtal-Weinstraße gehört.

Die korrekte Adresse lautet:

Sachsenhäuser Kirchgasse 6

99439 Amt Ettersberg / OT Sachsenhausen

Die Codierung verweist jedoch auf:

Kirchgasse

99439 Amt Ettersberg / OT Schwerstedt

Allerdings hat die Kirchgasse im OT Schwerstedt nur Hausnummer um die 70. Dieser Ort ist nämlich durchnummeriert.

Route von 99439 Amt Ettersberg / OT Schwerstedt, Hauptstraße 1 nach 99439 Amt Ettersberg / OT Sachsenhausen, Sachsenhäuser Kirchgasse 6

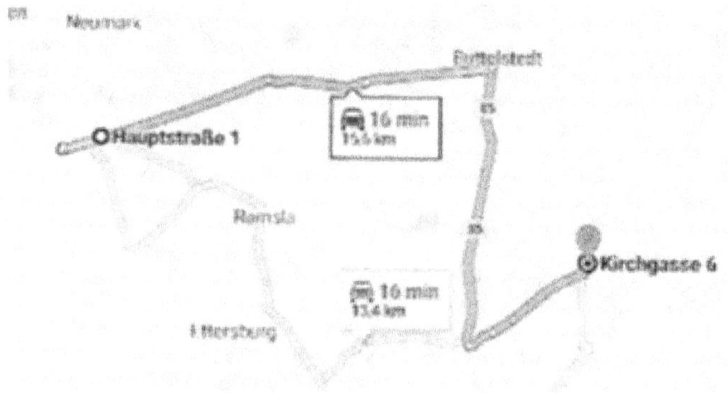


Fahrweg 15,6 km, Fahrtdauer 16 min

Die Adresse Hauptstraße 1 wurde gewählt, weil die Hermes-Codierung für den Ort Schwerstedt gilt.

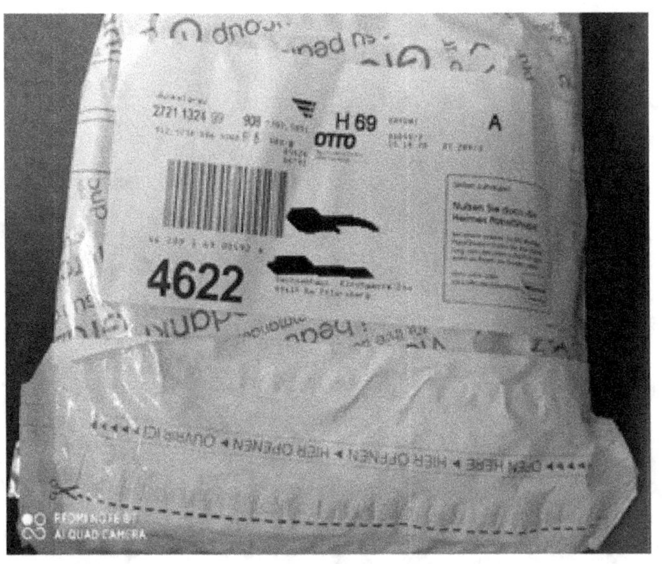

Dasselbe Problem. Ein Fahrer, der diese Tour regelmäßig bedient, kann das Problem bei der Beladung seines Fahrzeuges eventuell lösen. Gelöst werden muss es jedoch innerhalb des Codierungssystems bei Hermes.

Dasselbe Problem. Es wird einfach durch die Hermes Mitarbeiter ignoriert und belastet die Zusteller mit zusätz-lichem Aufwand.

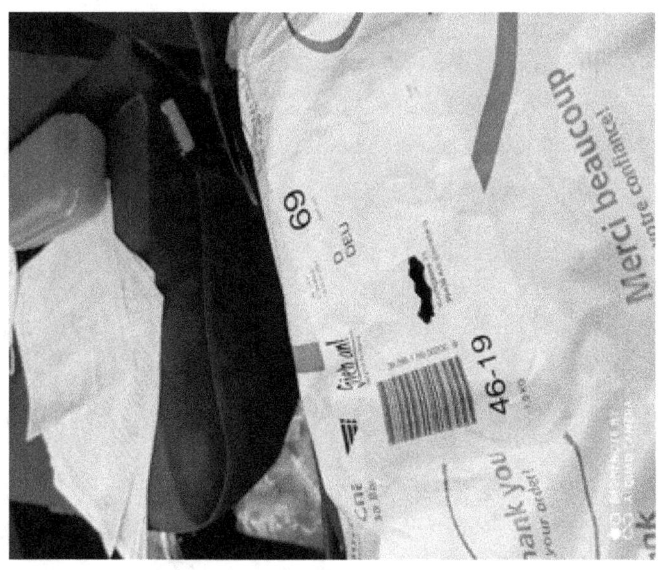


Diese Codierung verweist auf:

Kirchgasse

99439 Amt Ettersberg / OT Berlstedt

Nur hat dort die Kirchgasse ausschließlich Hausnummern um die 90, weil der alte Ortskern auch durchnummeriert ist.

Korrekt wäre:

Kirchgasse

99439 Amt Ettersberg / OT Schwerstedt

Route von 99439 Amt Ettersberg / OT Berlstedt, Hauptstraße 1 nach 99439 Amt Ettersberg / OT Schwerstedt, Kirchgasse 73

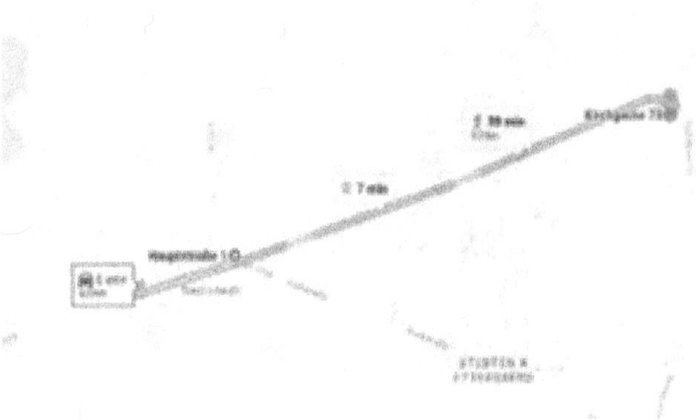

Fahrtstrecke 4,8 km, Fahrtzeit 6 min

Die Adresse Hauptstraße 1 in Berlstedt wurde gewählt, weil die Hermes-Codierung für das Amt Ettersberg / OT Berlstedt gilt.

Bei dieser Sendung gibt es zwar eine Hauptstraße 16 in Berlstedt. Allerdings wohnt der Empfänger:

Hauptstraße 16

99439 Amt Ettersberg / OT Ettersburg

Da kann man schon durcheinander kommen, aber die Post kriegt das ja auch hin. Warum dann nicht die Genies bei Hermes?

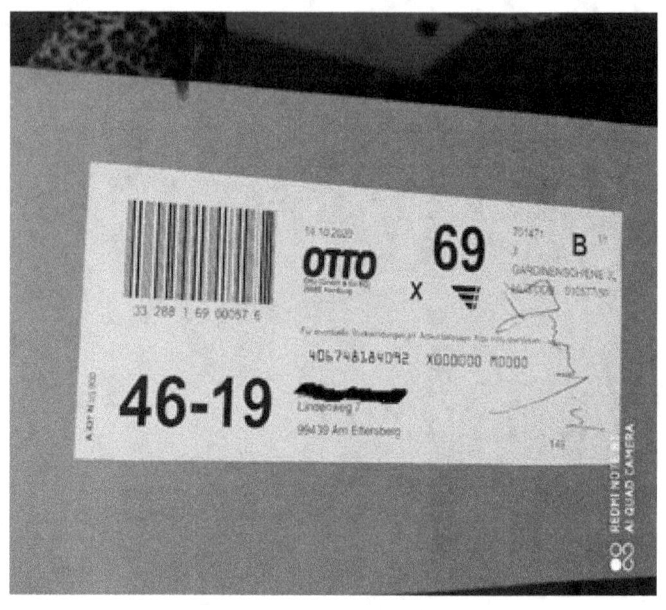


Einen Lindenweg gibt es allerdings innerhalb des Amtes Ettersberg gar nicht. Auch das sollten die Codierer wissen. In diesem Fall lautet die korrekte Adresse:

Lindenweg 7

99428 Grammetal / OT Isseroda

Route von 99439 Berlstedt, Hauptstraße 1 nach 99428 Isseroda, Lindenweg 7

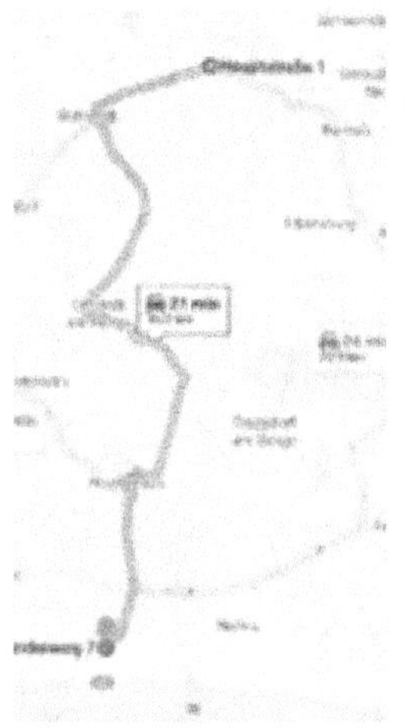

Fahrtroute 16,9 km, Fahrzeit 21 min

Die Adresse 99439 Berlstedt, Hauptstraße 1 wurde gewählt, weil die Hermes-Codierung für 99439 Amt Ettersberg / OT Berlstedt gilt.

# Anlage 7: Empfangsquittung und MEDEA-Bericht der unklaren Touren

**Hermes** — Empfangsquittung

22.01.2021<br>08:33:50

Niederlassung: DEP Erfurt (2050)

| | | |
|---|---|---|
| Tour: 073 | Tourdatum: 16.01.2021 | FR: |
| TA | RL: | Hermes-Bote: Schirmer |
| TB: 46 | Fahrzeug-Nr.: null | Gehilfe: |

# Niederlassung: DEP Erfurt (2050)

| Tour: 073 | Tourdatum: 16.01.2021 | FR: |
| --- | --- | --- |
| TA | RL: | Hermes-Bote: [illegible] |
| TE: 46 | Fahrzeug-Nr.: null | Gehilfe: |

| Km Abfahrt | Anzahl der Kunden | 98 | Arbeitsgang Ende | 16:53 |
| --- | --- | --- | --- | --- |
| Km Ankunft | Arbeitszeit Anfang | | Arbeitszeit Ende | |
| Tages-Km | Arbeitsgang Anfang | 09:04 | Pause gesamt | |

| Anzahl BMK 22 | Einzel VM 0 | Dauer VM 0 | NBZ 0 | Paketge VM 0 | Anzahl Ort 5 |
| --- | --- | --- | --- | --- | --- |
| Quote NB 0 0% | Lenz 10:28 Uhr | | Stoppel/Std 11:[illegible] | Vertzustellungen 0 | |

Bitte nachfolgenden Text vor Ihrer Unterschrift lesen!

1. Die während der Tour per MDE-Gerät und auf dieser Empfangsquittung ausgewiesenen Sendungseinheiten wurden von mir persönlich zugestellt. Die Unterschriften sind vom Empfänger/Ersatzempfänger persönlich geleistet worden. Besonderheiten auf Tour habe ich über das MDE-Gerät als Memo-Text vermerkt und gespeichert.

2. Die aufgeführten Sendungseinheiten mit der Kurzbezeichnung A, F, N1, N2, N3, N4, K0, I habe ich vergeblich zuzustellen versucht und ordnungsgemäß per MDE-Gerät eingetragen.

3. Bei allen Sendungszustellungen an einen Ersatzempfänger wurden von mir die erforderlichen Hinweise eingegeben und gespeichert.

4. Im Falle einer Nachbarschaftsabgabe oder bei Nichtantreffen des Empfängers habe ich eine Kundeninformationskarte hinterlassen.

5. Die ergänzenden Regelungen für die Beförderung und Zustellung von NN-, Nal- und Einsendungen habe ich beachtet.

6. Alle auf der Tour empfangenen Sendungseinheiten habe ich ordnungsgemäß und gegen Quittung vom Kunden übernommen, per MDE-Gerät erfaßt und der Rücklauf konnten bei Übergeben.

7. Die elektronisch erfaßten und abgespeicherten Unterschriften sind rechtserheblich, ihre Manipulation ist gemäß StGB verboten. Sie sind dazu geeignet und bestimmt, im Rechtsverkehr Beweis zu erbringen.

8. Nur Hermes Mitarbeiter: Die ausgedruckten Zeitangaben zu Arbeitsbeginn, -ende und Pause habe ich geprüft und bestätige sie ausdrücklich. Ich bestätige, die gesetzlich vorgeschriebenen Pausen für Kraftfahrer eingehalten zu haben (mind. 30 Min. bei über 6 Std. Nettoarbeitszeit und mind. 45 Min. bei mehr als 9 Std. Nettoarbeitszeit). Darüber hinaus habe ich bei Kfz über 7,49 die Pausenregelung der Lenkzeitverordnung eingehalten (45 Min. nach 4,5 Std. Lenkzeit).

9. Ich versichere, die Kundendaten entsprechend der Regelungen zum Datenschutz verarbeitet zu haben.

___________________________      ___________________________

**Unterschrift Hermes-Bote**       **Unterschrift Rücklauf**

**Niederlassung: DEP Erfurt (2050)**

Tour: 073  WagenNr: 0  Gehilfe:
Hermes-Bote: Sommer, Stefan  Datum: 16.01.2021

| TE-ZE | Kundendaten | SDG | TER | V/N | Abwicklungs-service / Unterschrift | NN | Barcode | Status | Auftrag-geber | Quittungsnr./ Auftragsnr. Kundenmemo BNK-Barcode |
|---|---|---|---|---|---|---|---|---|---|---|
| **Stopp: 09:27:55, 16.01.2021** | | | | | | | | | | |
| 46-10 | NEUE STRASSE 43-A 99439 GROSSOBRINGEN BARTHEL DOREEN /017221814500 | PKT | E34 | GT | Unterschr. | | H1924090004552503059 1 Sendung/RAK | RL N1 | Amazon VF F | 1 |
| 46-10 | AUF DEM WIDDUMBERG 15 99425 WEIMAR SEILER CHRISTINE /017923044877 | PKT | KEI | GT | 4 Anfahrvers. Unterschr. Keine Unterschrift | | 27011109050559 1 Sendung/RAK | SEZ Medea | OTTO | 2 — BNK: 950000000000 |
| **Stopp: 09:35:31, 16.01.2021** | | | | | | | | | | |
| 46-10 | NEUE STRASSE 43-A 99439 GROSSOBRINGEN BARTHEL DOREEN /017721814500 | PKT | E24 | GT | Unterschr. | | H1924090004652502059 1 Sendung/RAK | SEZ Medea | Amazon VF F | 3 |
| 46-10 | LAEMMERRAINWEG 3 99425 WEIMAR POWELSKE SYLVIA /03643602910 | PKT | KEI | GT | 4 Anfahrvers. Unterschr. | | 39012169008519 1 Sendung/RAK | SEZ Medea | Seth an (Wit) | 4 |
| **Stopp: 09:47:22, 16.01.2021** | | | | | | | | | | |
| 46-05 | DAMASCHKESTR. 2 99425 WEIMAR ANNETT ZIMMERMANN | PKT PKT PKT | KEI KEI KEI | GT GT GT | Unterschr. Unterschr. Unterschr. | | H1022850231648901309 H1022850231994101959 H1022850231926301959 3 Sendungen/RAK | SEZ Medea SEZ Medea SEZ Medea | Druckerzubeh. Druckerzubeh. Druckerzubeh. | 5 6 7 |
| 46-05 | BAUMGARTENSTR. 21 99439 AM ETTERSBERG MICHEL HERIBERT /03643419515 Rohmausweis GROSSOBRINGEN | PKT | KEI | GT | 4 Anfahrvers. Unterschr. Keine Unterschrift | | 27011109050870 1 Sendung/RAK | SEZ Medea | OTTO | 8 — BNK: 460058903767 |
| **Stopp: 09:52:47, 16.01.2021** | | | | | | | | | | |
| 46-50 | PAUL-SCHNEIDEN-STR. 57 99425 WEIMAR OPPEL HANNAH /03491773088190 | PKT | KEI | GT | 4 Anfahrvers. Unterschr. | | 34011510987E032 1 Sendung/RAK | SEZ Medea | &OtherStories | 9 |
| 46-05 | MEISSNER STR. 14 99427 WEIMAR SHELL TANKSTELLE | PKT | KEI | GT | 4 Anfahrvers. Unterschr. Keine Unterschrift | | 11015169008782 1 Sendung/RAK | RL N1 | bonprix | 10 — BNK: 460368453774 |
| **Stopp: 09:58:06, 16.01.2021** | | | | | | | | | | |
| 46-10 | IM OBERDORFE 64 99439 AM ETTERSBERG WOLLWEBER BIANCA | PKT | E24 | GT | 4 Anfahrvers. Unterschr. | | 46014069000025 1 Sendung/RAK | SEZ Medea | OTTO | 11 |
| 46-10 | MAX-REGER-STR. 2 99425 WEIMAR BAER HORST Adressausw. SCHOENBLICK | PKT | KEI | GT | 4 Anfahrvers. Unterschr. | | 60015169000858 1 Sendung/RAK | SEZ Medea | OTTO | 12 |
| **Stopp: 10:02:13, 16.01.2021** | | | | | | | | | | |
| 46-10 | IM OBERDORFE 71A 99439 GROSSOBRINGEN HENSCHEL WOLFGANG | PKT | E24 | GT | 4 Anfahrvers. Unterschr. | | 69015269180119 1 Sendung/RAK | SEZ Medea | 1&1 Logistics | 13 |
| 46-10 | PAUL-SCHNEIDER-STR. 06 99425 WEIMAR DREISSEL MARTINA | PKT | KEI | GT | 4 Anfahrvers. Unterschr. | | 46010169005027 1 Sendung/RAK | SEZ Medea | keine | 14 — BNK: 460058904956 |

# Hermes — MEDEA-Tourenbericht



**Niederlassung:** DEP Erfurt (2050)

Tour: 073  
Hermes-Bote: Sommer, Stefan  
WagenNr: 0  
Datum: 16.01.2021  
Gehilfe:

| TE-ZE | Kundendaten | SDG | TER | VIN | Abwicklungs-service / Unterschrift | NN | Barcode | Status | Auftrag-geber | Quittungsnr./ Auftragsnr. Kundenmemo BNK-Barcode |
|---|---|---|---|---|---|---|---|---|---|---|
| 46-10 | FUNKE ANGELIKA | | | | | | | | | |
| 46-10 | ENGELHARDTSTR. 5 99427 WEIMAR ARNDT NADESHDA | PKT | KEI | GT | 4 Anfahrvers. Unterschr. | | 50512169632351 1 Sendung/RAK | RL Z | Yves Rocher | 331 |
| 46-10 | GEORG-HERWEGH-STR 16 99427 WEIMAR KOHLER SINDY | PKT | KEI | GT | 4 Anfahrvers. Unterschr. | | 50512169633049 1 Sendung/RAK | RL Z | Yves Rocher | 332 |
| 46-10 | CARL-ZEISS-STR. 19 99427 WEIMAR STRECK PETRA | PKT | KEI | GT | 4 Anfahrvers. Unterschr. | | 89013169732517 1 Sendung/RAK | RL Z | AFM ATLAS | 333 |
| 46-10 | BUTTELSTEDTER STR 72 99427 WEIMAR MARTINEZ GISELA | PKT | KEI | GT | 4 Anfahrvers. Unterschr. | | 89012169921809 1 Sendung/RAK | RL Z | Will Versan | 334 |
| 46-10 | DUERRENBACHER HUETTE 14 99427 WEIMAR BINKE JANIN | PKT | KEI | GT | 4 Anfahrvers. Unterschr. | | 48015169034624 1 Sendung/RAK | RL Z | OTTO | 335 |
| 46-10 | UNTERDORF 117 99439 GROSSOBRINGEN GIESSLER ROSEMARIE | PKT | KEI | GT | 4 Anfahrvers. Unterschr. | | 89013169004071 1 Sendung/RAK | RL Z | Will Versan | 336 |
| 46-10 | BUTTELSTEDTER STRASS 84 99427 WEIMAR BUCHMANN ANGELIKA | PKT | KEI | GT | 4 Anfahrvers. Unterschr. | | 82615169105248 1 Sendung/RAK | RL Z | QVC Deutsch | 337 |
| 46-10 | DUERRENBACHER HUETTE 12 99427 WEIMAR PETERS GUDRUN | PKT | KEI | GT | 4 Anfahrvers. Unterschr. | | 28511169920832 1 Sendung/RAK | RL Z | J Pagen | 338 |
| 46-10 | GRETELWEG 7 99427 WEIMAR BEYER VERONIKA | PKT | KEI | GT | 4 Anfahrvers. Unterschr. | | 73012169948631 1 Sendung/RAK | RL Z | MyToys | 339 |
| 46-10 | RIESSNER STR. 14 99427 WEIMAR SHELL TANKSTELLE | PKT | KEI | GT | 4 Anfahrvers. Unterschr. | | 31015169006702 1 Sendung/RAK | RL Z | bonprix | 340 |
| 46-10 | GRETELWEG 14 99427 WEIMAR WIEDERHOLD ROSEMARIE | PKT | KEI | GT | 4 Anfahrvers. Unterschr. Keine Unterschrift | | 50212169032840 1 Sendung/RAK | RL Z | Yves Rocher | 341 |

**Anzahl Stopps:** 98



169

# Anhang 8: Händische Auswertung der unklaren Touren

| | | | | |
|---|---|---|---|---|
| 342 | 813186343901 | MoA | Tour | ? |
| 343 | 813186975918 | MoA | Tour | ? |
| 27 | O 20111169006022 ✓ | zugestellt | Tour | 73 |
| 230 | O 20111169006022 ✓ | Z | Tour | |
| 108 | O 2012169005725 ✓ | zugestellt | Tour | 76 |
| 328 | O 2012169005725 ✓ | Z | Tour | |
| 171 | O 2012169007880 ✓ | Z | Tour | |
| 268 | O 2012169007880 ✓ | zugestellt | Tour | 73 |
| 33 | O 2012169008580 ✓ | zugestellt | Tour | 73 |
| 257 | O 2012169008580 ✓ | Z | Tour | |
| 21 | O 2013169001137 ✓ | zugestellt | Tour | 73 |
| 169 | O 2013169001137 ✓ | Z | Tour | |
| 168 | O 2013169001939 ✓ | Z | Tour | 76 |
| 115 | O 2013169003032 ✓ | zugestellt | Tour | 76 |
| 96 | O 2013169004268 ✓ | N 1 | Tour | 76 |
| 316 | O 2013169004268 ✓ | Z | Tour | |
| 49 | O 2013169006446 ✓ | N 1 | Tour | 73 |
| 233 | O 2013169006446 ✓ | Z | Tour | |
| 62 | O 2013169007771 ✓ | zugestellt | Tour | 73 |
| 167 | O 2013169007771 ✓ | Z | Tour | |
| 93 | O 2013169009515 ✓ | zugestellt | Tour | 73 |
| 165 | O 2013169009515 ✓ | Z | Tour | |
| 286 | O 2014169000779 ✓ | zugestellt | Tour | 76 |
| 314 | O 2014169000779 ✓ | Z | Tour | |
| 32 | O 2014169003107 ✓ | zugestellt | Tour | 76 |
| 38 | O 2014169003848 ✓ | zugestellt | Tour | 73 |
| 200 | O 2014169003848 ✓ | Z | Tour | |
| 60 | O 2014169007204 ✓ | zugestellt | Tour | 76 |
| 157 | O 2014169007389 ✓ | Z | Tour | |
| 92 | O 2014169009673 ✓ | N 1 | Tour | 76 |
| 15/192 | 9 2015169103838 ✓ | zugestellt | Tour | 73 |
| 53 | O 9012169302711 ✓ | zugestellt | Tour | 73 |
| 207 | O 9012169302711 ✓ | Z | Tour | |
| 58 | O 9014169300667 ✓ | zugestellt | Tour | 73 |
| 160 | O 9014169300667 ✓ | Z | Tour | |
| 73 | O 9015169301470 ✓ | N 1 | Tour | 73 |
| 210 | O 9015169301470 ✓ | Z | Tour | |
| 139 | O 9015169302439 ✓ | Z | Tour | |
| 282 | O 9015169302439 ✓ | zugestellt | Tour | 73 |
| 236 | 9201216963545 ✓ | Z | Tour | |
| 205 | 10015069000073 ✓ | Z | Tour | |
| 303 | 10015069000073 ✓ | zugestellt | Tour | 73 |
| 237 | 11014169010370 ✓ | Z | Tour | |
| 297 | 11014169010370 ✓ | zugestellt | Tour | 73 |
| 240 | 11015169002051 ✓ | Z | Tour | 76 |
| 250 | 11015169003034 ✓ | Z | Tour | |
| 277 | 11015169003034 ✓ | N 1 | Tour | |
| 278 | 11015169003034 ✓ | zugestellt | Tour | 73 |

| 25 | H1024090004552702069 ✓ | zugestellt | Tour 76 |
| 40 | H1024090004658602069 ✓ | zugestellt | Tour 76 |
| 1 | H1024090004692602069 ✓ | N 1 | Tour |
| 3 | H1024090004692602069 ✓ | zugestellt | Tour 76 |
| 313 | H1024090004692602069 ✓ | Z | Tour |
| 243 | H1024140018012701069 | Z | Tour |
| 279 | H1024140018012701069 ✓ | zugestellt | Tour 73 |



73 - 108
76 - 93



171

Bei diesen beiden Dokumenten ist darauf hinzuweisen, dass die linke Handschrift dem Hermes Mitarbeiter Heiko Elflein gehört, der die Auswertung meiner Mitarbeiterin Frau Manuela Hofmann geprüft und korrigiert hat.
Da also Hermes über diesen Sachverhalt in Kenntnis gesetzt wurde, ihn sogar geprüft hat, kann in diesem Fall nicht von Fahrlässigkeit gesprochen werden. Das ist klarer Vorsatz und Betrug.

**Anhang 9:** Kiss-Vorgänge
(an diesem Vorgang ist
nichts unklar, das Paket wurde
fachgerecht zugestellt)

Sachverhalt                                                  **Hermes**

Sendungsauskunft + Unklarer Abliefernachweis

Rückinfo bis:                    17.03.21 10:56

**Sendungsinformation:**
Auftraggeber                     4608 Zalando SE
Sendungs-ID                      96067189100534
GeVo Nr.                         1031183259
Auftragsnummer
Abwicklungsservice
WunschTag                        Keiner

**Originaladresse:**
Name
Vorname
Adresse                          ~~████~~
                                 SUSANNE FISCHER
                                 HUMBOLDTSTR. 13
                                 99423 WEIMAR

TE ZE                            4637
Telefon
Adresszusatz

**Zustelladresse:**
                                 ~~████~~
                                 HUMBOLDTSTR. 13
                                 99423 WEIMAR

| Datum | Kat | Organisation | Status | Ort | Tour | Stopp |
|---|---|---|---|---|---|---|
| 09.03.21 08:43 | 2050 | 60 DEP ERFURT (2050) | Sendung elektronisch angekündigt | Zentrale | 0 | Nein |
| 09.03.21 18:41 | 2362 | 1063 LC BERLIN (2362) | Die Sendung wurde im Hermes Logistikzentrum sortiert | HUB | 0 | Nein |
| 09.03.21 19:24 | 0 | | Der Empfänger hat einen Wunschnachbar für die Zustellung gewählt | HermesAdvanced | 0 | Nein |
| 11.03.21 03:31 | 2050 | 60 DEP ERFURT (2050) | Sendung eingetroffen | Depot | 0 | Nein |
| 11.03.21 07:59 | 2050 | 60 DEP ERFURT (2050) | Tourensortierung | Depot | 85 | Nein |
| 11.03.21 12:25 | 2050 | 60 DEP ERFURT (2050) | Sendung mit MEDEA zugestellt | Tour | 85 | Ja |

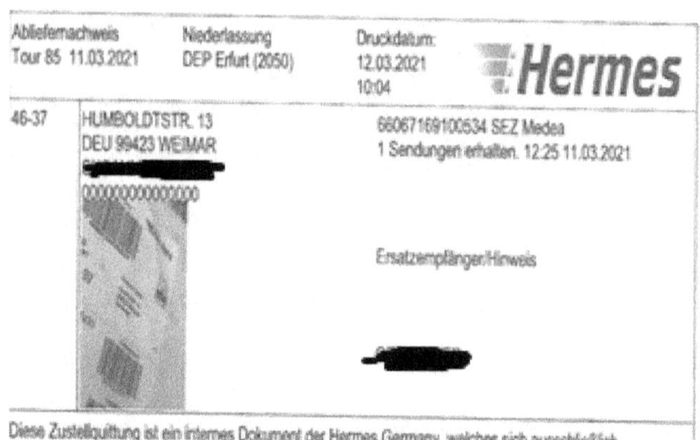


Wir dürfen getrost davon ausgehen, dass jeder, aber auch jeder, unklare Ablieferungsnachweis genauso aussieht wie dieses Beispiel. Das heißt schlicht und ergreifend, mit dieser Methode kann ich als Auftraggeber, dem Auftragnehmer so viel zusätzlichen Aufwand auferlegen, bis dieser die weiße Fahne schwenkt.

Ich habe es grundsätzlich abgelehnt, zu einer fachgerecht erfüllen Aufgabe einen weiteren Nachweis der fachgerechten Erfüllung zu bringen. Zumal die interessante Tour Nummer 0 durch meine Firma gar nicht gefahren wurde. Aber solch offensichtlicher Betrug interessiert die Ermittlungsbehörden ja einen Scheißdreck. Verzeihen sie diesen Ausdruck!

Hermes Germany GmbH · Postfach 62 02 60 · D-22402 Hamburg


Handelsvertretung Stefan Sommer
Thomas-Müntzer-Str. 8
99189 Gebesee

Essener Straße 89
D-22419 Hamburg

Besucheradresse
Essener Bogen 1
D-22419 Hamburg

Hamburg, den 16.10.2020

## Rechnung

**Beleg-Nr. 53225988, Kreditoren-Nr. 153100238 Partner-Nr. 2000009090**

Hiermit berechnen wir Ihnen den in Ihrem Verantwortungsbereich entstandenen Schaden wie folgt:

| | | |
|---|---|---|
| Transportschäden (Anzahl: 0) | € | |
| Verluste (Anzahl: 2) | € | 79,10 |
| Sonstige (Anzahl: 0) | € | |
| Forderung gesamt* | € | 79,10 |

* Da es sich hier um einen steuerbereinigten Schadenersatz handelt, stellen wir den Schadenbetrag ohne Mehrwertsteuer in Rechnung. Ausgenommen hiervon sind PrivatPaketService Sendungen und DB KurierGepäck.

Einzelheiten zu der Rechnung und dem Haftungsbetrag entnehmen Sie bitte der Anlage

Der Ausgleich erfolgt durch Verrechnung.          GEBUCHT 09. DEZ. 2020

Bei weiteren Fragen wenden Sie sich bitte an das zuständige Verteilzentrum 60 DEP ERFURT (2050).


Hermes Germany GmbH AG Hamburg HRB 108045 Ust.-IdentNr.: DE 203 637 541 Geschäftsführer Olaf Schabirosky (Vorsitzender), Deniz Kaffmann, Marco Schlüter, Hendrik Schneider
Vorsitzender des Aufsichtsrates Kay Schiebur Bankverbindung Hamburger Sparkasse (IBAN) DE32 2005 0505 1280 1305 87 (BIC) HASPDEHHXXX
www.hermesworld.com

## Anlage zur Rechnung 53225988

| Identnummer | ATG | Schadenart | Kat. | Tour | Name | Strasse | PLZ | Wohnort | Übernahme-datum | Forderung |
|---|---|---|---|---|---|---|---|---|---|---|
| H1020600308848 6870609 | 15660000 AMAZON FLAT (PGZ1), 1586 0000 | Totalverlust | 2050 | 70 | | HOTTELSTEDT | 99439 | AM ETTERSBERG | 27.07.2020 | 25,20 |
| H1020180065533 902069 | 41860000 AMAZON FLAT (DTM1), 4184 0000 | Totalverlust | 2050 | 72 | | FRAUENPLAN | 99423 | WEIMAR | 23.07.2020 | 53,90 |

Transportschäden (Anzahl: 0)   €

Verluste (Anzahl: 2)   €   79,10

Sonstige (Anzahl: 0)   €   ___________

Forderung gesamt   €   79,10



176

Hermes Germany GmbH · Postfach 62 08 60 · D-22402 Hamburg

Handelsvertretung
Stefan Sommer
Thomas-Müntzer-Str. 8
99189 Gebesee

Essener Straße 89
D-22419 Hamburg

Besucheradresse
Essener Bogen 1
D-22419 Hamburg

Hamburg, den 24.09.2020

## Rechnung

**Beleg-Nr. 53225292, Kreditoren-Nr. 153100238 Partner-Nr. 2000009090**

Hiermit berechnen wir Ihnen den in Ihrem Verantwortungsbereich entstandenen Schaden
wie folgt:

| | | |
|---|---|---|
| Transportschäden (Anzahl: 0) | € | |
| Verluste (Anzahl: 7) | € | 879,69 |
| Sonstige (Anzahl: 0) | € | |
| Forderung gesamt* | € | 879,69 |

* Da es sich hier um einen steuerbereinigten Schadenersatz handelt, stellen wir den Schadenbetrag ohne
Mehrwertsteuer in Rechnung. Ausgenommen hiervon sind PrivatPaketService Sendungen und DB KurierGepäck

Einzelheiten zu der Rechnung und dem Haftungsbetrag entnehmen Sie bitte der Anlage

Der Ausgleich erfolgt durch Verrechnung.

Bei weiteren Fragen wenden Sie sich bitte an das zuständige Verteilzentrum 60 DEP
ERFURT (2050).

GEBUCHT 0 8. DEZ. 2020

**HERMES GERMANY GmbH**
Customer Service – Customer Care & Clearing

**≢ Hermes**

## Anlage zur Rechnung 53225292

| Sendnummer | ATG | Schadenart | Kst | Tour | Name | Strasse | PLZ | Wohnort | Übernahme-datum | Forderung |
|---|---|---|---|---|---|---|---|---|---|---|
| 4622416900166 | 09910000 OTTO, 8001 0000 | Totalverlust | 2050 | 83 | | DICHTERWEG | 99425 | WEIMAR | 11.08.2020 | 29,17 |
| 9112616079020 | 98090000 DRUCKERZUBEHOE R DE, 9809 0000 | Totalverlust | 2050 | 72 | | HEGELSTR | 99423 | WEIMAR | 08.05.2020 | 81,47 |
| 9221016910066 | 93430000 QVC DEUTSCHLAND GMBH, 9343 9000 | Totalverlust | 2050 | 70 | | UNTER DEM DORFE | 99439 | AM ETTERSBERG | 28.07.2020 | 210,07 |
| 9221816910143 | 93430000 QVC DEUTSCHLAND GMBH, 9343 0000 | Totalverlust | 2050 | 79 | | ZUM ALTEN BAHNDAMM | 99439 | AM ETTERSBERG | 05.08.2020 | 20,59 |
| H102003701/0722 1/00066 | 41860000 AMAZON FLAT (KTW1), 4186 0000 | Totalverlust | 2050 | 81 | | UNTER DEM HOLZWEG | 99428 | NIEDERZIMMERN | 20.07.2020 | 23,71 |
| H102007017116 7010069 | 41860000 AMAZON FLAT (KTW1), 4186 0000 | Totalverlust | 2050 | 73 | | HENGSTR | 99423 | WEIMAR | 21.07.2020 | 469,62 |
| H102285002762 2010066 | 98090000 DRUCKERZUBEHOE R DE, 9809 0000 | Totalverlust | 2050 | 74 | | MOSKAUER STR | 99427 | WEIMAR | 05.08.2020 | 49,06 |

| | | |
|---|---|---|
| Transportschäden (Anzahl: 0) | € | |
| Verluste (Anzahl: 7) | € | 879,69 |
| Sonstige (Anzahl: 0) | € | |
| Forderung gesamt | € | 879,69 |

Handelsvertretung
Stefan Sommer
Thomas-Müntzer-Str. 8
99189 Gebesee

Essener Straße 89
D-22419 Hamburg

Besucheradresse
Essener Bogen 1
D-22419 Hamburg

Hamburg, den 15.07.2020

## Rechnung

**Beleg-Nr. 53222587, Kreditoren-Nr. 153100238 Partner-Nr. 2000009090**

Hiermit berechnen wir Ihnen den in Ihrem Verantwortungsbereich entstandenen Schaden
wie folgt:

GEBUCHT 20.  .2020

| | | |
|---|---|---|
| Transportschäden (Anzahl: 0) | € | |
| Verluste (Anzahl: 5) | € | 233,68 |
| Sonstige (Anzahl: 0) | € | |
| Forderung gesamt* | € | 233,68 |

* Da es sich hier um einen steuerbereinigten Schadenersatz handelt, stellen wir den Schadenbetrag ohne
Mehrwertsteuer in Rechnung. Ausgenommen hiervon sind PrivatPaketService Sendungen und DB KurierGepäck

Einzelheiten zu der Rechnung und dem Haftungsbetrag entnehmen Sie bitte der Anlage

Der Ausgleich erfolgt durch Verrechnung.

Bei weiteren Fragen wenden Sie sich bitte an das zuständige Verteilzentrum 60 DEP
ERFURT (2050).

**HERMES GERMANY GmbH**
Customer Service – Business Clearing

**Hermes**

## Anlage zur Rechnung 53222587

| Identnummer | ATG | Schadenart | Kst. | Tour | Name | Strasse | PLZ | Wohnort | Übernahme-datum | Forderung |
|---|---|---|---|---|---|---|---|---|---|---|
| 15037269001501 | 0001000D OTTO, 0001 0000 | Totalverlust | 2050 | 70 | [redacted] | AM DORFPLATZ | 99519 | MUENCHENGOSSE RSTAEDT | 06.02.2020 | 104.18 |
| 13064269001726 | 00010000 OTTO, 0001 0000 | Totalverlust | 2050 | 70 | [redacted] | STEDTEN | 99439 | AM ETTERSBERG | 03.04.2020 | 25.20 |
| 15108169000588 | 00010000 OTTO, 0001 0000 | Totalverlust | 2050 | 73 | [redacted] | FERDF/FREILIGRATH-STR | 99423 | WEIMAR | 15.04.2020 | 47.03 |
| 21506169001585 | 00100000 HEINE, 0010 0000 | Totalverlust | 2050 | 68 | [redacted] | WINDISCHENSTR. | 99423 | WEIMAR | 08.01.2020 | 21.00 |
| H1020140589899 192089 | 25980000 AMAZON FLAT (DUSZ), 2596 0000 | Totalverlust | 2050 | 81 | [redacted] | OBERGRUNSTEDTE R.STR. | 99428 | WEIMAR | 23.03.2020 | 36.27 |

Transportschäden (Anzahl: 0)   €
Verluste (Anzahl: 5)   €   233,68
Sonstige (Anzahl: 0)   €
Forderung gesamt   €   233,68



181

Essener Straße 89
D-22419 Hamburg



Handelsvertretung Stefan Sommer
Thomas-Müntzer-Str. 8
99189 Gebesee

Besucheradresse
Essener Bogen 1
D-22419 Hamburg

Hamburg, den 01.09.2020

## Rechnung

**Beleg-Nr. 53224337, Kreditoren-Nr. 153100238 Partner-Nr. 2000009090**

Hiermit berechnen wir Ihnen den in Ihrem Verantwortungsbereich entstandenen Schaden
wie folgt:

| | | € | |
|---|---|---|---|
| Transportschäden (Anzahl: 0) | | € | |
| Verluste (Anzahl: 2) | | € | 72,92 |
| Sonstige (Anzahl: 0) | | € | |
| Forderung gesamt* | | € | 72,92 |

* Da es sich hier um einen steuerbereinigten Schadenersatz handelt, stellen wir den Schadenbetrag ohne
Mehrwertsteuer in Rechnung. Ausgenommen hiervon sind PrivatPaketService Sendungen und DB KurierGepäck

Einzelheiten zu der Rechnung und dem Haftungsbetrag entnehmen Sie bitte der Anlage

Der Ausgleich erfolgt durch Verrechnung.

Bei weiteren Fragen wenden Sie sich bitte an das zuständige Verteilzentrum ERFURT.

**HERMES GERMANY GmbH**
Customer Service – Business Clearing

*Hermes*

## Anlage zur Rechnung 53224337

| Identnummer | ATG | Schadenart | Kat. | Tour | Name | Strasse | PLZ | Wohnort | Übernahme-datum | Forderung |
|---|---|---|---|---|---|---|---|---|---|---|
| 461691090002576 | 0001069# OTTO, 0001 0000 | Totalverlust | 2050 | 80 | ▉▉▉ | ROEHRSTR | 99423 | WEIMAR | 17.06.2020 | 36.97 |
| 851271898304#8 | 5904680# C/O BERZDORFERGETRA NKE, 99G4 6800 | Totalverlust | 2050 | 72 | ▉▉▉ | HOTTELSTEDT | 99439 | AM ETTERSBERG | 07.05.2020 | 35.95 |

Transportschäden (Anzahl: 0)   €
Verluste (Anzahl: 2)   €   72.92
Sonstige (Anzahl: 0)   €
Forderung gesamt   €   72.92

Anlage - Seite 1 - Stand 01. September 2020

Hermes Germany GmbH · Postfach 60 02 66 · D-22400 Hamburg

Sommer Stefan
Thomas-Müntzer-Str. 8
99189 Gebesee

Essener Straße 89
D-22419 Hamburg

Besucheradresse
Essener Bogen 1
D-22419 Hamburg

Hamburg, den 13.08.2020

## Rechnung

**Beleg-Nr. 53223628, Kreditoren-Nr. 153100238 Partner-Nr. 2000009090**

Hiermit berechnen wir Ihnen den in Ihrem Verantwortungsbereich entstandenen Schaden
wie folgt:

| | | |
|---|---|---|
| Transportschäden (Anzahl: 0) | € | |
| Verluste (Anzahl: 4) | € | 177,07 |
| Sonstige (Anzahl: 0) | € | |
| Forderung gesamt* | € | 177,07 |

* Da es sich hier um einen steuerbereinigten Schadenersatz handelt, stellen wir den Schadenbetrag ohne
Mehrwertsteuer in Rechnung. Ausgenommen hiervon sind PrivatPaketService Sendungen und DB KurierGepäck

Einzelheiten zu der Rechnung und dem Haftungsbetrag entnehmen Sie bitte der Anlage

Der Ausgleich erfolgt durch Verrechnung.

Bei weiteren Fragen wenden Sie sich bitte an das zuständige Verteilzentrum 60 DEP
ERFURT (2050).

Hermes Germany GmbH AG Hamburg (HRB 79634) USt.-IdNr. DE 263 517 341 Geschäftsführer Olaf Schabirosky (Vorsitzender), Dennis Kollmann, Marco Schlüter, Henner Schünet
Vorsitzender des Aufsichtsrates Key Simeitner Bankverbindung Hamburger Sparkasse (BAN): DE33 2005 0550 1340 1200 87 (BIC): HASPDEHHXXX
www.hermesworld.com

185

**HERMES GERMANY GmbH**
Customer Service – Business Clearing

‡ **Hermes**

## Anlage zur Rechnung 53223628

| Identnummer | ATG | Schadenart | Kat. | Tour | Name | Strasse | PLZ | Wohnort | Übernahmedatum | Forderung |
|---|---|---|---|---|---|---|---|---|---|---|
| 15128169001095 | 00010690 OTTO, 0001 0000 | Totalverlust | 2050 | 70 | | LESSINGSTR. | 99425 | WEIMAR | 08.05.2020 | 26.05 |
| 15129189000712 | 00010690 OTTO, 0001 0000 | Totalverlust | 2050 | 70 | | LESSINGSTR. | 99425 | WEIMAR | 08.05.2020 | 26.05 |
| 46038269000075 | 00010690 OTTO, 0001 0000 | Totalverlust | 2050 | 70 | | AM DORFPLATZ | 99510 | MUENCHENGOSSE RSTAEDT | 08.02.2020 | 95.77 |
| 92136169105728 | 93430690 GVC DEUTSCHLAND GMBH: 9343 0000 | Teilverlust | 2050 | 81 | | WEIMARISCHE STRASSE | 99428 | GRAMMETAL OT NIEDERZIMMER | 15.05.2020 | 29.26 |

Transportschäden (Anzahl: 0)   €

Verluste (Anzahl: 4)   €   177.07

Sonstige (Anzahl: 0)   €

Forderung gesamt   €   177.07

Anlage – Seite 1 – Stand 13. August 2020

Handelsvertretung
Stefan Sommer
Thomas-Müntzer-Str. 8
99189 Gebesee

Essener Straße 89
D-22419 Hamburg

Besucheradresse
Essener Bogen 1
D-22419 Hamburg

Hamburg, den 22.05.2020

## Rechnung

**Beleg-Nr. 53220700, Kreditoren-Nr. 153100238 Partner-Nr. 2000009090**

Hiermit berechnen wir Ihnen den in Ihrem Verantwortungsbereich entstandenen Schaden wie folgt:

| | | |
|---|---|---|
| Transportschäden (Anzahl: 0) | € | |
| Verluste (Anzahl: 4) ▸ GEBUCHT 30. 2020 | € | 150,85 |
| Sonstige (Anzahl: 0) | € | |
| Forderung gesamt* | € | 150,85 |

* Da es sich hier um einen steuerbereinigten Schadenersatz handelt, stellen wir den Schadenbetrag ohne Mehrwertsteuer in Rechnung. Ausgenommen hiervon sind PrivatPaketService Sendungen und DB KurierGepäck

Einzelheiten zu der Rechnung und dem Haftungsbetrag entnehmen Sie bitte der Anlage

Der Ausgleich erfolgt durch Verrechnung.

Bei weiteren Fragen wenden Sie sich bitte an das zuständige Verteilzentrum 60 DEP ERFURT (2050).

**HERMES GERMANY GmbH**
Customer Service – Business Clearing

*Hermes*

## Anlage zur Rechnung 53220700

| Identnuemmer | ATG | Schadensart | Kat | Tour | Name | Strasse | PLZ | Wohnort | Übernahme-datum | Forderung |
|---|---|---|---|---|---|---|---|---|---|---|
| 20049189000081 | 26400000 ABOUT YOU GMBH (KLV), 2840 0000 | Totalverlust | 2050 | 83 | | DENSTEDTER STRASSE | 99510 | ILMTAL-WEINSTRASSE OT KRG | 18.02.2020 | 25,13 |
| 31044189000372 | 00100000 HEINE, 0010-0500 | Totalverlust | 2050 | 0 | | IM HANFSACK | 99428 | HOPFGARTEN | 13.02.2020 | 67,22 |
| 63076189680033 | 26820000 REBUY RECOMMERCE GMBH, 2662 0000 | Totalverlust | 2050 | 70 | | FEININGER RING | 99441 | MELLINGEN | 11.03.2020 | 34,84 |
| 91043189790575 | 96080000 DRUCKERZUBEHOER DE, 9609 0000 | Totalverlust | 2050 | 83 | | AM WEINBERG | 99510 | ILMTAL-WEINSTRASSE | 13.02.2020 | 23,66 |

Transportschäden (Anzahl: 0)     €

Verluste (Anzahl: 4)     €     150,85

Sonstige (Anzahl: 0)     €

Forderung gesamt     €     150,85

Handelsvertretung Stefan Sommer
Thomas-Müntzer-Str. 8
99189 Gebesee

Essener Straße 89
D-22419 Hamburg

Besucheradresse
Essener Bogen 1
D-22419 Hamburg

Hamburg, den 26.03.2020

## Rechnung

**Beleg-Nr. 53218812, Kreditoren-Nr. 153100238 Partner-Nr. 2000009090**

Hiermit berechnen wir Ihnen den in Ihrem Verantwortungsbereich entstandenen Schaden
wie folgt.

| | | € | |
|---|---|---|---|
| Transportschäden (Anzahl: 0) | | € | |
| Verluste (Anzahl: 11) | | € | 606,19 |
| Sonstige (Anzahl: 0) | | € | |
| Forderung gesamt* | | € | 606,19 |

GEBUCHT 13. MAI 2020

* Da es sich hier um einen steuerbareinigten Schadenersatz handelt, stellen wir den Schadenbetrag ohne
Mehrwertsteuer in Rechnung. Ausgenommen hiervon sind PrivatPaketService Sendungen und DB KurierGepäck

Einzelheiten zu der Rechnung und dem Haftungsbetrag entnehmen Sie bitte der Anlage

Der Ausgleich erfolgt durch Verrechnung.

Bei weiteren Fragen wenden Sie sich bitte an das zuständige Verteilzentrum 60 DEP
ERFURT (2050).

**HERMES GERMANY GmbH**
Customer Service – Business Clearing

**Hermes**

## Anlage zur Rechnung 53218812

| Identnummer | ATG | Schadenart | Kst. | Tour | Name | Strasse | PLZ | Wohnort | Übernahme-datum | Forderung |
|---|---|---|---|---|---|---|---|---|---|---|
| 210442690000299 | 00010000 OTTO, 0001 0000 | Totalverlust | 2050 | 70 | [redacted] | HARZBORNGRABEN | 99428 | ISSERODA | 13.02.2020 | 71,41 |
| 333641690000010 | 00010000 OTTO, 0001 0000 | Totalverlust | 2050 | 62 | [redacted] | FULDAER STR. | 99423 | WEIMAR | 30.12.2019 | 126,04 |
| 393311690006463 | 00370000 SIEH AN (WITT), 0037 0000 | Totalverlust | 2050 | 70 | [redacted] | DARNSTEDTER STR. | 99510 | ECKOLSTAEDT | 28.11.2019 | 14,29 |
| 393501690005111 | 00370000 SIEH AN (WITT), 0037 0000 | Totalverlust | 2050 | 70 | [redacted] | DARNSTEDTER STR. | 99510 | ECKOLSTAEDT | 18.12.2019 | 8,40 |
| 500361690000505 | 00010000 OTTO, 0001 0000 | Totalverlust | 2050 | 6 | [redacted] | WARSCHAUER STR. | 99427 | WEIMAR | 07.02.2020 | 167,23 |
| 733351690026237 | 01210000 MYTOYS, 9121 0000 | Totalverlust | 2050 | 72 | [redacted] | ANGERGASSE | 99439 | DAASDORF B. BUTTELSTEDT | 04.12.2019 | 39,46 |
| 912281690791092 | 96090000 DRUCKERZUBEHOER DE, 9609 0000 | Totalverlust | 2050 | 83 | [redacted] | JENAER STR. | 99425 | WEIMAR | 16.08.2019 | 33,61 |
| 913481690790687 | 96090000 DRUCKERZUBEHOER DE, 9609 0000 | Totalverlust | 2050 | 69 | [redacted] | MARKTSTR. | 99423 | WEIMAR | 14.12.2019 | 79,32 |
| 920271690102629 | 93430000 QVC DEUTSCHLAND GMBH, 9343 0000 | Totalverlust | 2050 | 85 | [redacted] | AM PAPPELGRABEN | 99425 | WEIMAR | 27.01.2020 | 12,46 |
| H100046000496414 001069 | 37020000 FLACONB GMBH, 3702 0000 | Totalverlust | 2050 | 70 | [redacted] | BRENNERSTR. | 99423 | WEIMAR | 07.12.2019 | 37,77 |
| H100223000005587 801069 | 46210000 NO LIMIT SP. Z O.O., 4621 0000 | Totalverlust | 2050 | 68 | [redacted] | BRUNO APITZ STRASSE 2C | 99427 | WEIMAR | 22.10.2019 | 16,26 |

Transportschäden (Anzahl: 0)          €

Anlage – Seite 1 – Stand 26. Marz 2020

**HERMES GERMANY GmbH**
Customer Service – Business Clearing

**Hermes**

| | | |
|---|---|---|
| Verluste (Anzahl: 11) | € | 606,19 |
| Sonstige (Anzahl: 0) | € | |
| Forderung gesamt | € | 606,19 |

Handelsvertretung Stefan Sommer
Thomas-Müntzer-Str. 8
99189 Gebesee
Deutschland

Essener Straße 89
D-22419 Hamburg

Besucheradresse
Essener Bogen 1
D-22419 Hamburg

Hamburg, den 22.01.2020

**Rechnung**

**Beleg-Nr. 53215183, Kreditoren-Nr. 153100238 Partner-Nr. 2000009090**

Hiermit berechnen wir Ihnen den in Ihrem Verantwortungsbereich entstandenen Schaden
wie folgt:

| | | |
|---|---|---|
| Transportschäden (Anzahl: 0) | € | |
| Verluste (Anzahl: 15) | € | 871,48 |
| Sonstige (Anzahl: 0) | € | |
| Forderung gesamt* | € | 871,48 |

* Da es sich hier um einen steuerbereinigten Schadenersatz handelt, stellen wir den Schadenbetrag ohne
Mehrwertsteuer in Rechnung. Ausgenommen hiervon sind PrivatPaketService Sendungen und DB KurierGepäck

Einzelheiten zu der Rechnung und dem Haftungsbetrag entnehmen Sie bitte der Anlage

Der Ausgleich erfolgt durch Verrechnung.

Bei weiteren Fragen wenden Sie sich bitte an das zuständige Verteilzentrum 60 ERFURT.

**HERMES GERMANY GmbH**
Customer Service – Business Clearing

≡ *Hermes*

## Anlage zur Rechnung 53215183

| Identnummer | ATG | Schadenart | Kst. | Tour | Name | Strasse | PLZ | Wohnort | Übernahme-datum | Forderung |
|---|---|---|---|---|---|---|---|---|---|---|
| 1125016900*1929 | 90200000 BONPRIX, 0020 0000 | Totalverlust | 2050 | 68 | [geschwärzt] | DOELLSTAEDTSTR. | 99423 | WEIMAR | 07.08.2019 | 15,37 |
| 15189169000150 | 90810000 OTTO, 0001 0000 | Totalverlust | 2050 | 81 | [geschwärzt] | AM BRACHBERG | 99428 | NOHRA | 08.07.2019 | 24,33 |
| 21231269000934 | 00010000 OTTO, 0001 0000 | Totalverlust | 2050 | 81 | [geschwärzt] | TROEBSDORFER WEG | 99428 | NOHRA | 19.06.2019 | 47,88 |
| 26188169401542 | 20680000 LIMANGO DEU (RHENUS), 2098 0000 | Totalverlust | 2050 | 86 | [geschwärzt] | RENTENGASSE | 99441 | MELLINGEN | 05.07.2019 | 63,01 |
| 26211169901772 | 00610000 3 PAGEN, 0051 0000 | Totalverlust | 2050 | 81 | [geschwärzt] | IM DORFE | 99439 | BUTTELSTEDT | 02.08.2019 | 57,92 |
| 33162169000111 | 00310000 QUELLE DE 0031 0000 | Totalverlust | 2050 | 73 | [geschwärzt] | MUELLERHARTUNGS TR. | 99423 | WEIMAR | 13.06.2019 | 109,16 |
| 39292169000270 | 00350000 WITT WEIDEN, 0035 0000 | Totalverlust | 2050 | 85 | [geschwärzt] | HERMANN-LOENS-STR | 99425 | WEIMAR | 21.10.2019 | 149,54 |
| 5G256169000442 | 00100000 HEINE, 0010 0000 | Totalverlust | 2050 | 0 | [geschwärzt] | MUSAEUSSTR. | 99425 | WEIMAR | 14.08.2019 | 50,41 |
| 5G256169000214 | 00100000 HEINE, 0010 0000 | Totalverlust | 2050 | 0 | [geschwärzt] | HEINRICH-HEINE-STR. | 99510 | APOLDA | 17.09.2019 | 19,32 |
| 5G257169000301 | 00010000 OTTO, 0001 0000 | Totalverlust | 2050 | 68 | [geschwärzt] | PRAGER STR. | 99427 | WEIMAR | 24.08.2019 | 67,22 |
| 5G257769000138 | 00010000 OTTO, 0001 0000 | Totalverlust | 2050 | 68 | [geschwärzt] | PRAGER STR. | 99427 | WEIMAR | 24.09.2019 | 184,87 |
| 63044169880119 | 29820000 REBUY RECOMMERCE GMBH, 2982 0000 | Totalverlust | 2050 | 0 | [geschwärzt] | IM DORFE | 99439 | BERLSTEDT/ OT OTTMANNSHAU | 14.02.2019 | 6,81 |
| 63157169880420 | 29820000 REBUY RECOMMERCE | Totalverlust | 2050 | 0 | [geschwärzt] | ROEHRSTRASSE | 99423 | WEIMAR | 07.06.2019 | 31,25 |

**HERMES GERMANY GmbH**
Customer Service – Business Clearing

≉ **Hermes**

| | GMBH, 2882 0000 | | | | | | | | | |
|---|---|---|---|---|---|---|---|---|---|---|
| 67240206181088 | 19940000 AMAZON FLAT (APRO2), 1954 0000 | Totalverlust | 2050 | 70 | | HINTER DEM GASTHOFE | 99428 | BECHSTEDTSTRAS S | 29.08.2019 | 10,78 |
| 922021691050568 | 93430000 QVC DEUTSCHLAND GMBH, 9343 0000 | Totalverlust | 2060 | 67 | | RUDOLF-BREITSCHEID-STRASSE | 99510 | APOLDA | 22.07.2019 | 33,61 |

Transportschäden (Anzahl: 0)   €
Verluste (Anzahl: 15)   €   871,48
Sonstige (Anzahl: 0)   €
Forderung gesamt   €   871,48

Anlage – Seite 2 – Stand 22. Januar 2020

Handelsvertretung Stefan Sommer
Thomas-Müntzer-Str. 8
99189 Gebesee
Deutschland

Essener Straße 89
D-22419 Hamburg

Besucheradresse
Essener Bogen 1
D-22419 Hamburg

Hamburg, den 10.03.2020

## Rechnung

**Beleg-Nr. 53218082, Kreditoren-Nr. 153100238 Partner-Nr. 2000009090**

Hiermit berechnen wir Ihnen den in Ihrem Verantwortungsbereich entstandenen Schaden wie folgt:

| | | |
|---|---|---|
| Transportschäden (Anzahl: 0) | € | |
| Verluste (Anzahl: 20) | € | 1.346,18 |
| Sonstige (Anzahl: 0) | € | |
| Forderung gesamt* | € | 1.346,18 |

* Da es sich hier um einen steuerbereinigten Schadenersatz handelt, stellen wir den Schadenbetrag ohne Mehrwertsteuer in Rechnung. Ausgenommen hiervon sind PrivatPaketService Sendungen und DB KurierGepäck

Einzelheiten zu der Rechnung und dem Haftungsbetrag entnehmen Sie bitte der Anlage

Der Ausgleich erfolgt durch Verrechnung.

Bei weiteren Fragen wenden Sie sich bitte an das zuständige Verteilzentrum 60 DEP ERFURT (2050).

**HERMES GERMANY GmbH**
Customer Service – Business Clearing

Hermes

## Anlage zur Rechnung 53218082

| Identnummer | ATG | Schadenart | Kat. | Tour | Name | Strasse | PLZ | Wohnort | Übernahme-datum | Forderung |
|---|---|---|---|---|---|---|---|---|---|---|
| 02533169000313 | 91010000 EBAY, 9101 0000 | Totalverlust | 2050 | 0 | [geschwärzt] | BERKAER STR | 99425 | WEIMAR | 29.11.2019 | 21,56 |
| 11317169001837 | 00200300 BONPRIX, 0020 0000 | Totalverlust | 2050 | 69 | [geschwärzt] | JAKOBSTR. | 99423 | WEIMAR | 13.11.2019 | 48,67 |
| 20302159000058 | 28400000 ABOUT YOU GMBH, 2840 0000 | Totalverlust | 2050 | 70 | [geschwärzt] | JENAER STR. | 99510 | APOLDA | 29.10.2019 | 134,41 |
| 26226169901820 | 00510000 3-PAGEN, 0051 0000 | Totalverlust | 2050 | 75 | [geschwärzt] | MOZARTSTR. | 99423 | WEIMAR | 16.08.2019 | 45,33 |
| 26268169900144 | 00510000 3 PAGEN, 0051 0000 | Totalverlust | 2050 | 69 | [geschwärzt] | AM JAKOBSKIRCHHOF | 99423 | WEIMAR | 30.09.2019 | 96,53 |
| 36277169038412 | 00280000 SPORTSCHECK, 0028 0000 | Totalverlust | 2050 | 70 | [geschwärzt] | STEUBENSTR | 99423 | WEIMAR | 04.10.2019 | 184,79 |
| 39295169005580 | 00350000 WITT WEIDEN, 0035 0000 | Totalverlust | 2050 | 85 | [geschwärzt] | HERMANN-LOENS-STR. | 99425 | WEIMAR | 24.10.2019 | 30,24 |
| 50359169000612 | 00010000 OTTO, 0001 0000 | Totalverlust | 2050 | 70 | [geschwärzt] | KARL-MARX-STR. | 99510 | APOLDA APOLDA | 05.11.2019 | 67,22 |
| 67182169299435 | 39910000 AMAZON UDI (PGZ1), 3991 0000 | Totalverlust | 2050 | 0 | [geschwärzt] | BERLINER STR | 99427 | WEIMAR | 02.07.2019 | 8,38 |
| 67248209294491 | 39910000 AMAZON UDI (PGZ1), 3991 0000 | Totalverlust | 2050 | 68 | [geschwärzt] | CARL VON OSSIETZKY STRASSE | 99423 | WEIMAR | 05.09.2019 | 13,40 |
| 68273169228068 | 18860000 OSKAR KINDERLAND (HS), 1886 0000 | Totalverlust | 2050 | 74 | [geschwärzt] | MOSKAUER STR | 99427 | WEIMAR | 30.09.2019 | 8,31 |
| 68325169890046 | 29100000 SIR ROWLANE HILL (DE), 2910 0000 | Totalverlust | 2050 | 74 | [geschwärzt] | BERLINER STR. | 99427 | WEIMAR | 21.11.2019 | 99,90 |

Anlage – Seite 1 – Stand 10. März 2020

**HERMES GERMANY GmbH**
Customer Service – Business Clearing

*Hermes*

| | | | | | | | | | | |
|---|---|---|---|---|---|---|---|---|---|---|
| 70115026920755 | 29970000 AMAZON UDI (LEJ1), 2997 0000 | Totalverlust | 2050 | 0 | ▓▓▓ | HAINWEG | 99425 | WEIMAR | 29.04.2019 | 24,14 |
| 73227169947922 | 91210000 MYTOYS, 9121 0000 | Totalverlust | 2050 | 85 | ▓▓▓ | TAUBACHER STR. | 99425 | WEIMAR | 16.08.2019 | 143,89 |
| 73285169934471 | 91210000 MYTOYS, 9121 0000 | Totalverlust | 2050 | 87 | ▓▓▓ | KIRCHSTRASSE | 99438 | TONNDORF | 25.09.2019 | 55,43 |
| 73299169927235 | 91210000 MYTOYS, 9121 0000 | Totalverlust | 2050 | 73 | ▓▓▓ | BELVEDERER ALLEE | 99425 | WEIMAR | 28.10.2019 | 20,54 |
| 91303169965797 | 91820000 FRANKONIA, 9182 0000 | Totalverlust | 2050 | 68 | ▓▓▓ | WASHINGTONSTR. | 99423 | WEIMAR | 31.10.2019 | 252,06 |
| H1920030936388 101069 | 39910000 AMAZON UDI (POZ1), 3991 0000 | Totalverlust | 2050 | 87 | ▓▓▓ | MARKT | 99448 | KRANICHFELD | 14.10.2019 | 68,16 |
| H1020170009568 302069 | 22010000 AMAZON FLAT (FRA1), 2201 0000 | Totalverlust | 2050 | 87 | ▓▓▓ | AM OBERSCHLOSS | 99448 | KRANICHFELD | 14.10.2019 | 26,88 |
| H1920190011489 102069 | 29970000 AMAZON UDI (LEJ1), 2997 0000 | Totalverlust | 2050 | 81 | ▓▓▓ | AM BRACHBERG | 99428 | NOHRA | 02.10.2019 | 6,53 |

| | | |
|---|---|---|
| Transportschäden (Anzahl: 0) | € | |
| Verluste (Anzahl: 20) | € | 1.346,18 |
| Sonstige (Anzahl: 0) | € | |
| Forderung gesamt | € | 1.346,18 |

Anlage - Seite 2 - Stand 10. März 2020

Handelsvertretung Stefan Sommer
Thomas-Müntzer-Str. 8
99189 Gebesee

Essener Straße 89
D-22419 Hamburg

Besucheradresse
Essener Bogen 1
D-22419 Hamburg

Hamburg, den 14.02.2020

## Rechnung

### Beleg-Nr. 53216556, Kreditoren-Nr. 153100238 Partner-Nr. 2000009090

Hiermit berechnen wir Ihnen den in Ihrem Verantwortungsbereich entstandenen Schaden
wie folgt:

| | | € |
|---|---|---|
| Transportschäden (Anzahl: 0) | € | |
| Verluste (Anzahl: 5) | € | 249,26 |
| Sonstige (Anzahl: 0) | € | |
| Forderung gesamt* | € | 249,26 |

* Da es sich hier um einen steuerbereinigten Schadenersatz handelt, stellen wir den Schadenbetrag ohne
Mehrwertsteuer in Rechnung. Ausgenommen hiervon sind PrivatPaketService Sendungen und DB KurierGepäck

Einzelheiten zu der Rechnung und dem Haftungsbetrag entnehmen Sie bitte der Anlage

Der Ausgleich erfolgt durch Verrechnung.

Bei weiteren Fragen wenden Sie sich bitte an das zuständige Verteilzentrum ERFURT.

**HERMES GERMANY GmbH**
Customer Service – Business Clearing

**≋ Hermes**

## Anlage zur Rechnung 53216556

| Identnummer | ATG | Schadenart | Kst. | Tour | Name | Strasse | PLZ | Wohnort | Übernahme-datum | Forderung |
|---|---|---|---|---|---|---|---|---|---|---|
| 022881690036530 | 0099000 PRIVATSERVICE, 0099 0000 | Totalverlust | 2050 | 0 | ▉ | MARSTALLSTR. | 99423 | WEIMAR | 26.09.2019 | 125,00 |
| 091481693016642 | 0099000 PRIVATSERVICE, 0099 0000 | Totalverlust | 2050 | 67 | OCR | SCHWANSEESTRAS SE | 99423 | WEIMAR | 28.05.2019 | 50,00 |
| 63019169880050 | 26820000 REBUY RECOMMERCE GMBH, 2682 0000 | Totalverlust | 2050 | 0 | ▉ | GRUENSEE | 99439 | BUTTELSTEDT | 21.03.2019 | 39,98 |
| 63122169880046 | 26820000 REBUY RECOMMERCE GMBH, 2682 0000 | Totalverlust | 2050 | 0 | ▉ | BONHOEFFERSTR | 99427 | WEIMAR | 02.06.2019 | 18,00 |
| 63198169880072 | 26820000 REBUY RECOMMERCE GMBH, 2682 0000 | Totalverlust | 2050 | 0 | ▉ | MARCEL-PAUL-STRASSE | 99427 | WEIMAR | 18.07.2019 | 16,28 |

Transportschäden (Anzahl: 0)  € 
Verluste (Anzahl: 5)  €  249,26
Sonstige (Anzahl: 0)  € 
Forderung gesamt  €  249,26

Anlage – Seite 1 – Stand 14. Februar 2020

Handelsvertretung
Stefan Sommer
Thomas-Müntzer-Str. 8
D-99189 Gebesee

Essener Straße 89
D-22419 Hamburg

Besucheradresse
Essener Bogen 1
D-22419 Hamburg

Hamburg, den 02.01.2020

## Rechnung

**Beleg-Nr. 53214500, Kreditoren-Nr. 153100238**

Hiermit berechnen wir Ihnen den in Ihrem Verantwortungsbereich entstandenen Schaden
wie folgt:

GEBUCHT 0 5. MRZ. 2020   4900/1270

| | | |
|---|---|---|
| Transportschäden (Anzahl: 0) | € | |
| Verluste (Anzahl: 3) | € | 863,70 |
| Sonstige (Anzahl: 0) | € | |
| Forderung gesamt* | € | 863,70 |

* Da es sich hier um einen steuerbereinigten Schadenersatz handelt, stellen wir den Schadenbetrag ohne
Mehrwertsteuer in Rechnung. Ausgenommen hiervon sind PrivatPaketService Sendungen und DB KurierGepäck

Einzelheiten zu der Rechnung und dem Haftungsbetrag entnehmen Sie bitte der Anlage

Der Ausgleich erfolgt durch Verrechnung.

Bei weiteren Fragen wenden Sie sich bitte an das zuständige Verteilzentrum ERFURT.

**HERMES GERMANY GmbH**
Customer Service – Business Clearing

*Hermes*

## Anlage zur Rechnung 53214500

| Identnummer | ATG | Schadenart | Kst. | Tour | Name | Strasse | PLZ | Wohnort | Übernahme-datum | Forderung |
|---|---|---|---|---|---|---|---|---|---|---|
| 2129625560000308 | 00010000 OTTO, 0001 0000 | Totalverlust | 2050 | 65 | | FEININGER RING | 99441 | MELLINGEN | 23.10.2019 | 49,56 |
| 79350169200036 | 29730000 ABOUT YOU GMBH, 2973 0000 | Totalverlust | 2050 | 72 | | WASHINGTONSTR. | 99423 | WEIMAR | 18.12.2018 | 58,68 |
| 91042169867799 | 91820000 FRANKONIA, 9182 0000 | Totaldiebstahl | 3050 | 81 | | HOPFGARTENER STR. | 99428 | NOHRA | 12.02.2019 | 755,46 |

Transportschäden (Anzahl: 0)   €

Verluste (Anzahl: 3)   €   863,70

Sonstige (Anzahl: 0)   €

Forderung gesamt   €   863,70

GEBUCHT

Anlage – Seite 1 – Stand 02. Januar 2020

Hermes Germany GmbH · Postfach 62 02 60 · D-22402 Hamburg

Handelsvertretung Stefan Sommer
Thomas-Müntzer-Str. 8
D-99189 Gebesee

Essener Straße 89
D-22419 Hamburg

Besucheradresse
Essener Bogen 1
D-22419 Hamburg

Hamburg, den 29.10.2019

## Rechnung

**Beleg-Nr. 53212966, Kreditoren-Nr. 153100238**

Hiermit berechnen wir Ihnen den in Ihrem Verantwortungsbereich entstandenen Schaden
wie folgt:

| | | |
|---|---|---|
| Transportschäden (Anzahl: 1) | € | 43,07 |
| Verluste (Anzahl: 28) | € | 4.034,49 |
| Sonstige (Anzahl: 0) | € | |
| Forderung gesamt* | € | 4.077,56 |

* Da es sich hier um einen steuerbereinigten Schadenersatz handelt, stellen wir den Schadenbetrag ohne
Mehrwertsteuer in Rechnung. Ausgenommen hiervon sind PrivatPaketService Sendungen und DB KurierGepäck

Einzelheiten zu der Rechnung und dem Haftungsbetrag entnehmen Sie bitte der Anlage

Der Ausgleich erfolgt durch Verrechnung.

Bei weiteren Fragen wenden Sie sich bitte an das zuständige Verteilzentrum ERFURT

GEBUCHT 0 8. JAN. 2020

Hermes Germany GmbH AG Hamburg HRB 108245 Ust.-IdNr. DE 263 537 841 Geschäftsführer Olel Sühaborsky (Vorsitzender); Thomas Horst; Marco Schlüter; Henerik Schneider Vorsitzender des Aufsichtsrates Kay Schiebur Bankverbindung Hamburger Sparkasse (IBAN) DE33 2005 0550 1260 1300 87 (BIC) HASPDEHHXXX

**HERMES GERMANY GmbH**
Customer Service – Business Clearing

**Hermes**

## Anlage zur Rechnung 53212966

| Identnummer | ATG | Schadenart | Kst | Tour | Name | Strasse | PLZ | Wohnort | Übernahme-datum | Forderung |
|---|---|---|---|---|---|---|---|---|---|---|
| 11126189303051 | 00200000 BONPRIX 0020 0000 | Totalverlust | 2050 | 85 | [geschwärzt] | SCHENKGASSE | 99441 | MELLINGEN | 06.05.2019 | 109,19 |
| 11164169010051 | 00200000 BONPRIX 0020 0000 | Totalverlust | 2050 | 70 | [geschwärzt] | AN DER HASEL | 99441 | GROSSSCHWABHAUSEN | 14.05.2019 | 64,68 |
| 19051169030217 | 26400000 ABOUT YOU GMBH, 2840 0000 | Totalverlust | 2050 | 75 | [geschwärzt] | RAINER-MARIA-RILKE-STR. | 99425 | WEIMAR | 20.02.2019 | 47,04 |
| 21140289003633 | 00010000-OTTO, 0001 0000 | Totalverlust | 2050 | 77 | [geschwärzt] | ALLSTEDTER STR | 99427 | WEIMAR | 20.05.2019 | 23,52 |
| 21141289008647 | 00010000-OTTO, 0001 0000 | Totalverlust | 2050 | 77 | [geschwärzt] | ALLSTEDTER STR | 99427 | WEIMAR | 21.05.2019 | 54,81 |
| 26138169030266 | 00790000 SHEEGO, 0279 0000 | Totalverlust | 2050 | 0 | [geschwärzt] | WEIMARISCHE STR. | 99510 | APOLDA | 20.05.2019 | 114,36 |
| 53190169000459 | 00440000-BAUR VERSAND, 0044 0000 | Totalverlust | 2050 | 78 | [geschwärzt] | KNOBLAUCHGASSE | 99428 | NIEDERZIMMERN | 10.07.2019 | 75,62 |
| 36117169838198 | 00280000 SPORTSCHECK, 0028 0000 | Totalverlust | 2050 | 70 | [geschwärzt] | AM BRACHBERG | 99428 | NOHRA | 27.04.2019 | 65,36 |
| 45145269018788 | 00010000-OTTO, 0001 0000 | Totalverlust | 2050 | 88 | [geschwärzt] | NIEDERROSSLAER STR. | 99510 | APOLDA | 27.05.2019 | 22,61 |
| 59044169800084 | 29730000 ABOUT YOU GMBH, 2973 0000 | Totalverlust | 2050 | 80 | [geschwärzt] | PFEIFFERSTRASSE | 99423 | WEIMAR | 18.02.2019 | 33,53 |
| 59045169800371 | 29730000 ABOUT YOU GMBH, 2973 0000 | Totalverlust | 2050 | 81 | [geschwärzt] | AM BRACHBERG | 99428 | NOHRA | 14.02.2019 | 47,73 |
| 59151169801062 | 29730000 ABOUT YOU GMBH, 2973 0000 | Totalverlust | 2050 | 88 | [geschwärzt] | LUISENSTR | 99441 | MAGDALA | 03.05.2019 | 104,71 |

Anlage - Seite 1 - Stand 29. Oktober 2019

**HERMES GERMANY GmbH**
Customer Service – Business Clearing

**≡ Hermes**

| | | | | | | | | | | |
|---|---|---|---|---|---|---|---|---|---|---|
| 60306169000113 | 92460000 HAWESKO, 9246 0000 | Totalverlust | 2050 | 0 | EDGAR WALLISCH | JAKOBSTR | 99423 | WEIMAR | 05.11.2018 | 82.35 |
| 60354169004648 | 92460000 HAWESKO, 9246 0000 | Totalverlust | 2050 | 75 | [redacted] | ABRAHAM-LINCOLN-STR. | 99423 | WEIMAR | 20.12.2018 | 20.04 |
| 63274169880011 | 2682000 REBUY RECOMMERCE GMBH, 2682 0000 | Totalverlust | 2050 | 82 | [redacted] | BRENNERSTRASSE | 99423 | WEIMAR | 01.10.2018 | 368.99 |
| 65288169960050 | 16840000 VERSANDZENTRUM LAATZEN, 1684 0000 | Totalverlust | 2050 | 90 | [redacted] | TRIERER STR | 99423 | WEIMAR | 15.10.2018 | 500.00 |
| 65291169060166 | 16840000 VERSANDZENTRUM LAATZEN, 1684 0000 | Totalverlust | 2050 | 90 | [redacted] | BRUNO-APITZ-STR | 99427 | WEIMAR | 18.10.2018 | 296.27 |
| 65365169950133 | 16840000 VERSANDZENTRUM LAATZEN, 1684 0000 | Totalverlust | 2050 | 81 | [redacted] | AM WIESENGRUND | 99426 | WEIMAR | 02.01.2019 | 393.95 |
| 67147209221823 | 35910000 AMAZON UDI (POZ1), 3591 0000 | Totalschaden | 2050 | 0 | [redacted] | MAGDALAER STRASSE | 99441 | MELLINGEN | 27.05.2019 | 43.07 |
| 69021169693823 | 28620000 SMM FOOD, 2862 0000 | Totalverlust | 2050 | 0 | [redacted] | HAECKELSTRASSE | 99425 | WEIMAR | 26.01.2019 | 25.00 |
| 69073269180397 | 28180000 1&1 LOGISTIKZENTRUM, 2818 0000 | Totalverlust | 2050 | 82 | [redacted] | ERNST-THAELMANN-STR. | 99423 | WEIMAR | 15.03.2019 | 690.94 |
| 69282269180300 | 28180000 1&1 LOGISTIKZENTRUM, 2818 0000 | Totalverlust | 2050 | 90 | [redacted] | PFEIFFERSTR. | 99423 | WEIMAR | 09.10.2018 | 527.43 |
| 70507269803570 | 35580000 AMAZON FLAT (LTN4), 3558 0000 | Totalverlust | 2050 | 0 | [redacted] | MERKETALSTRASSE 48 ROOM | 99423 | WEIMAR | 09.01.2019 | 14.96 |
| 70045269297470 | 29970000 AMAZON UDI (LEJ1), 2997 0000 | Totalverlust | 2050 | 81 | [redacted] | BREITE GASSE | 99428 | ISSERODA | 15.02.2019 | 21.90 |
| 70263269022368 | 29970000 AMAZON UDI (LEJ1), 2997 0000 | Totalverlust | 2050 | 82 | [redacted] | DUERRSTR. | 99423 | WEIMAR | 21.09.2018 | 39.49 |

Anlage – Seite 2 – Stand 29. Oktober 2019

**HERMES GERMANY GmbH**
Customer Service – Business Clearing



| | | | | | | | | | | |
|---|---|---|---|---|---|---|---|---|---|---|
| 71035268451612 | 59970000 AMAZON FLAT (HAM2), 5997 0000 | Totalverlust | 2050 | 85 | ▮▮▮ | LUDWIG FEUERBACH STR | 99425 | WEIMAR | 08.02.2019 | 24,21 |
| 73337288956745 | 91210000 MYTOYS, 9121 0000 | Totalverlust | 2650 | 81 | ▮▮▮ | AM ROTEN STEIN | 99428 | ULLA (INOHRA) | 05.12.2018 | 44,52 |
| 79045188250441 | 28730000 ABOUT YOU GMBH, 2973 0000 | Totalverlust | 2050 | 82 | ▮▮▮ | FULDAER STR | 99423 | WEIMAR | 15.02.2019 | 138,49 |
| 90029166300088 | 98490000 LANDTS, END GR, 9849 0000 | Totalverlust | 2000 | 85 | ▮▮▮ | RAINER-MARIA-RILKE-STR | 99425 | WEIMAR | 30.01.2019 | 63,03 |

| | | |
|---|---|---|
| Transportschäden (Anzahl 1) | € | 43,07 |
| Verluste (Anzahl 28) | € | 4.034,49 |
| Sonstige (Anzahl 0) | € | |
| Forderung gesamt | € | 4.077,56 |

# **Anhang 10:** Hermes-Preisliste

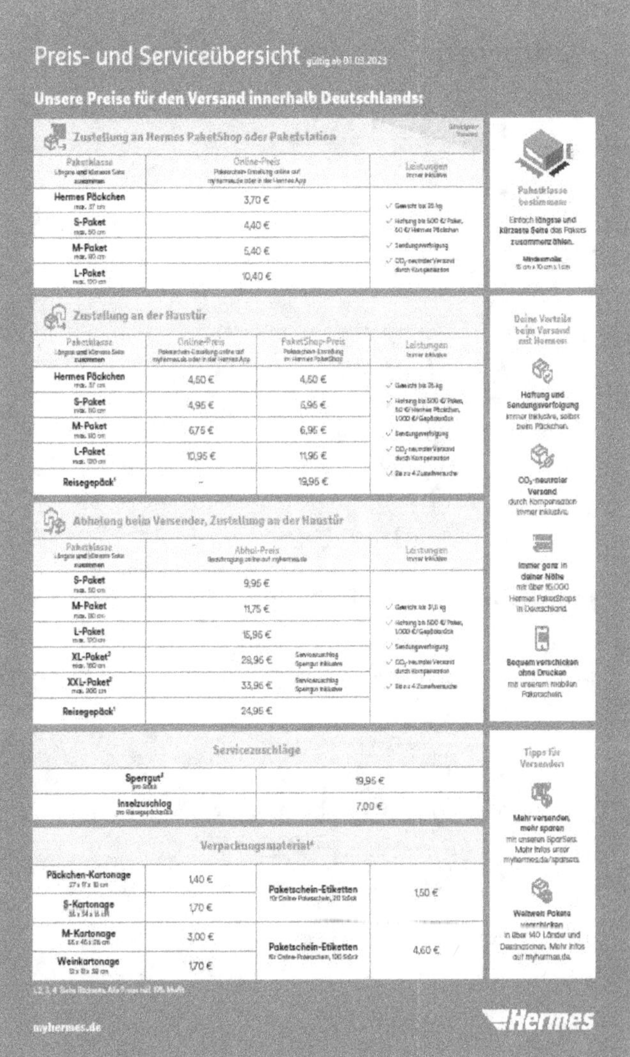


**Zustellung an Hermes PaketShop oder Paketstation**

| Paketklasse (Längste und kürzeste Seite zusammen) | Online-Preis (Paketschein-Erstellung online auf myhermes.de oder in der Hermes App) | Leistungen (immer inklusive) |
|---|---|---|
| Hermes Päckchen (max. 37 cm) | 3,70 € | |
| S-Paket (max. 50 cm) | 4,40 € | |
| M-Paket (max. 90 cm) | 5,40 € | |
| L-Paket (max. 120 cm) | 10,40 € | |

**Zustellung an der Haustür**

| Paketklasse (Längste und kürzeste Seite zusammen) | Online-Preis | PaketShop-Preis | Leistungen |
|---|---|---|---|
| Hermes Päckchen (max. 37 cm) | 4,50 € | 4,50 € | |
| S-Paket (max. 60 cm) | 4,95 € | 6,95 € | |
| M-Paket (max. 90 cm) | 6,75 € | 6,95 € | |
| L-Paket (max. 120 cm) | 10,95 € | 11,96 € | |
| Reisegepäck | – | 19,95 € | |

**Abholung beim Versender, Zustellung an der Haustür**

| Paketklasse (Längste und kürzeste Seite zusammen) | Abhol-Preis (Beauftragung online auf myhermes.de) | Leistungen |
|---|---|---|
| S-Paket (max. 50 cm) | 9,95 € | |
| M-Paket (max. 90 cm) | 11,75 € | |
| L-Paket (max. 120 cm) | 15,95 € | |
| XL-Paket (max. 160 cm) | 29,95 € | Servicezuschlag Sperrgut inklusive |
| XXL-Paket (max. 300 cm) | 33,95 € | Servicezuschlag Sperrgut inklusive |
| Reisegepäck | 24,95 € | |

**Servicezuschläge**

| | |
|---|---|
| Sperrgut (pro Stück) | 19,95 € |
| Inselzuschlag (pro Reisegepäckstück) | 7,00 € |

**Verpackungsmaterial**

| | | | |
|---|---|---|---|
| Päckchen-Kartonage (27 x 17 x 10 cm) | 1,40 € | Paketschein-Etiketten (für Online-Paketschein, 20 Stück) | 1,50 € |
| S-Kartonage (25 x 24 x 14 cm) | 1,70 € | | |
| M-Kartonage (35 x 45 x 26 cm) | 3,00 € | Paketschein-Etiketten (für Online-Paketschein, 100 Stück) | 4,60 € |
| Weinkartonage (32 x 13 x 38 cm) | 1,70 € | | |

**Anlage 11:** Konfiguration Otto-Konzern

## Plattformen

- **About You**
- **Lascana**
- **OTTO**

## Markenkonzepte

- **Bonprix**
- **Crate and Barrel**
- **Heine**
- **Küche & Co**
- **Quelle**
- **Sheego**
- **Witt-Gruppe**

## Händler

- **Baur-Gruppe**
- **FGH**
- **Frankonia**
- **Limango**
- **Manufactum**
- **Mytoys Group**
- **Unito**

## Services

- <u>DBR</u>
- <u>Hermes</u>
- <u>Otto Group Solution Provider</u>
- <u>Otto International</u>
- <u>Risk Ident</u>

# Anlage 12:  Vertragswerk



Zwischen

Hermes Germany GmbH
Essener Straße 89

22419 Hamburg
Standort:  Depot Erfurt
- nachfolgend „Hermes" genannt -

und  Firma  Stefan Sommer
Straße  Thomas-Müntzer-Str. 8
PLZ, Ort  99189 Gebesee
- nachfolgend „Vertragspartner" genannt -

wird folgender

## Vertrag zur Paketdistribution
(ab Standorten der Hermes)

geschlossen:

## 1. Vertragsgegenstand

### 1.1

Gegenstand des Vertrages ist die Durchführung der Sendungszustellung und -abholung sowie aller damit verbundenen Nebenleistungen durch den Vertragspartner in dem in **Anlage 1** definierten Zustellgebiet.

### 1.2

Hermes ist nicht verpflichtet, ihre Leistungen und ablauforganisatorischen Verfahren in unveränderter und uneingeschränkter Form fortzuführen. Etwaige Änderungen wird Hermes dem Vertragspartner zeitgerecht mitteilen. Änderungen in der räumlichen Festlegung des Zustellgebietes sind zwischen den Parteien zu vereinbaren.

### 1.3

Hermes überlässt dem Vertragspartner die für die Abwicklung der Vertragspflichten standardisierten Formulare und Unterlagen für das Berichtswesen sowie die für die Erbringung der Vertragsleistung erforderlichen EDV-Geräte („Sachmittel") gemäß **Anlage 2** gegen Entgelt zum Gebrauch. Die überlassenen Sachmittel sind einsatzbereit zu halten und ausschließlich im Rahmen dieses Vertrages einzusetzen. Hermes ist bei Bedarf ein zentralseitiger Zugriff auf die Daten zu gewähren.

Die Kostentragungspflicht für Reparaturen an den mietweise überlassenen Scanner-Geräten richtet sich nach den Bestimmungen in **Anlage 2**.

### 1.4

Alleiniger Ansprechpartner des Vertragspartners für sämtliche sich ergebenden Fragen ist der zuständige Mitarbeiter (Area Manager Last Mile) am Hermes Standort oder eine von diesem benannte Person. Alleiniger Ansprechpartner für Hermes ist der Vertragspartner selbst oder eine von diesem schriftlich als Ansprechpartner benannte Person.

## 2. Qualifikation des Vertragspartners

**2.1**

Der Vertragspartner übt seine Tätigkeit selbstständig aus. Er handelt im eigenen Namen und auf eigene Rechnung.

**2.2**

Um die Eigenschaft des Vertragspartners als selbständig Tätigem verbindlich festzustellen, verpflichtet sich der Vertragspartner auf Anforderung der Hermes vor Vertragsbeginn ein sogenanntes Statusfeststellungsverfahren bei der Deutschen Rentenversicherung Bund (DRB) durchzuführen und aktiv an der Feststellung des Status mitzuwirken.

Treten im Laufe der Zusammenarbeit Änderungen im Gewerbebetrieb des Vertragspartners auf, die seine Unternehmereigenschaft beeinträchtigen könnten, hat der Vertragspartner dies Hermes in jedem Fall unverzüglich schriftlich anzuzeigen.

**2.3**

Der Vertragspartner verpflichtet sich, die zur Erfüllung der Vertragspflichten notwendigen Flächen, Erfüllungsgehilfen, Kommunikationsanschlüsse und Kommunikationsmittel bereitzustellen.

Für die nach diesem Vertrag zu bewirkenden Leistungen stellt der Vertragspartner in erforderlicher Anzahl Kraftfahrzeuge mit ausreichender Kapazität bereit.

Bei fehlender oder nicht rechtzeitiger Gestellung der zur Vertragserfüllung notwendigen Kapazitäten (Kraftfahrzeuge, Personal etc.) ist Hermes berechtigt, die Leistungen selbst zu erbringen oder anderweitig erbringen zu lassen und den Vertragspartner mit den hieraus entstandenen Mehrkosten zu belasten.

**2.4**

Der Vertragspartner wird Transporte nur unter Einhaltung aller einschlägigen gesetzlichen Bestimmungen und Vorgaben durchführen bzw. durch etwa von ihm eingesetzte Subunternehmer durchführen lassen. Dies umfasst insbesondere die notwendige Berechtigung bei Transporten > 3,5 t (Lizenz oder Erlaubnis), die Einhaltung gesetzlicher Qualifikations- und Weiterbildungspflichten nach dem Berufskraftfahrer- Qualifikationsgesetz (BKrFQG), die Pflicht zur Einhaltung von Lenk- und Ruhezeiten nach dem Fahrpersonalgesetzt (FPersG) und Fahrpersonalverordnung (FPersV) sowie die notwendigen Berechtigungen beim Einsatz von Drittstaatenkraftfahrern (Pass/Ausweis und Aufenthaltstitel oder inländische gültige Fahrerbescheinigung) nach dem Güterkraftverkehrsgesetz (GüKG) und sonstigen Vorschriften.

Der Vertragspartner verpflichtet sich, seine Mitarbeiter und die etwa von ihm als Fahrpersonal eingesetzten Subunternehmer darauf, die Unterlagen während aller Fahrten für Hermes mitzuführen und sowohl behördlichen Kontrollberechtigten als auch Hermes auf Verlangen zur Prüfung auszuhändigen. Der Vertragspartner verpflichtet sich, bei seinen Mitarbeitern und eingesetzten Subunternehmern regelmäßig entsprechende Kontrollen durchzuführen.

**2.5**

Hermes wird dem Vertragspartner auch Paketsendungen mit im Straßengüterverkehr zugelassenen Kleinstmengen an gefährlichen Gütern (sog. Limited Quantities) zur Sendungsabwicklung übergeben.

Der Vertragspartner stellt diesbezüglich die Einhaltung der Gefahrgutvorschriften (Europäisches Übereinkommen über die Beförderung gefährlicher Güter auf der Straße –

ADR) sicher. Insbesondere kommt er seinen Schulungs- und Unterweisungspflichten nach und hat dies gegenüber Hermes auf Anforderung nachzuweisen.

**2.6**

Bei einer Verletzung der unter Ziffer 2.1 bis 2.5 vereinbarten Verpflichtungen ist der Vertragspartner zum Ersatz des der Hermes hieraus entstehenden Schadens verpflichtet. Der Vertragspartner stellt Hermes diesbezüglich von jeglichen Nachteilen frei.

## 3. Servicequalität

Hermes ist den eigenen Auftraggebern gegenüber zur Einhaltung exzellenter Qualitäten verpflichtet.

**3.1**

Der Vertragspartner ist für die ordnungsgemäße Durchführung der Aufgaben verantwortlich. Er hat die Serviceanforderungen sicherzustellen, die ihm seitens der Hermes bekannt gemacht werden. Diese sind insbesondere aus dem „**Hermes Qualitätshandbuch (für Zusteller)**" im jeweils aktuellen Stand ersichtlich, deren Kenntnisnahme der Vertragspartner bestätigt. Die genannte Unterlage ist auch jederzeit am Hermes Standort für den Vertragspartner erhältlich.

**3.2**

Die vom Vertragspartner eingesetzten Kraftfahrzeuge müssen den von Hermes definierten Kriterien entsprechen.

**3.3**

Der Vertragspartner stellt sicher, dass er bzw. die von ihm eingesetzten Erfüllungsgehilfen während der Zustell- und Abholtätigkeit anhand der vollständigen und aktuellen Hermes-Bekleidung (Oberkörperbekleidung und Hose) und eines Namensschildes als Hermes-Partner zu erkennen sind.

Hierzu bezieht der Vertragspartner Bekleidung aus dem offiziellen Hermes-Bekleidungsangebot in ausreichendem Umfang, die auch Namensschilder nach Gestaltungsvorgabe der Hermes umfasst. Zum Tragen dieser Bekleidung im Rahmen einer anderweitigen gewerblichen Tätigkeit sowie nach Beendigung der vorliegenden Zusammenarbeit ist der Vertragspartner nicht berechtigt. Seine Erfüllungsgehilfen wird er entsprechend verpflichten.

Die Wahl der übrigen Bekleidung steht dem Vertragspartner und seinen Erfüllungsgehilfen frei, wobei stets ein angemessenes Erscheinungsbild zu gewährleisten ist.

**3.4**

Hermes ist zur Durchführung regelmäßiger Qualitätsaudits berechtigt, um die Einhaltung der Verpflichtungen aus diesem Vertrag und den dazugehörigen Leistungsvereinbarungen sowie einschlägiger gesetzlicher Vorgaben beim Vertragspartner zu überprüfen. Der Vertragspartner hat sicherzustellen, dass diesbezügliche Auditrechte auch durch die von ihm eingesetzten Subunternehmer gewährt werden.

Der Vertragspartner erklärt sich damit einverstanden, dass Hermes insbesondere bei konkretem Verdacht von Vermögensdelikten an den zur Beförderung übergebenen Sendungen auch unangemeldete Kontrollen der Betriebsstätten oder der für die Erbringung von Transportleistungen eingesetzten Fahrzeuge durchführt.

## 4. Sozialstandards

### 4.1

Der Vertragspartner sichert zu, dass sowohl er als auch die etwa von ihm eingesetzten Subunternehmer keine Fahrer und/ oder Mitarbeiter ohne etwa erforderliche Arbeitserlaubnisse einsetzen. Diese Verpflichtung besteht auch im Hinblick auf das Gesetz zur Bekämpfung der illegalen Beschäftigung im gewerblichen Güterkraftverkehr.

### 4.2

Der Vertragspartner erklärt, den „**Verhaltenskodex - Sozialstandards und Beschäftigungsbedingungen für den Umgang mit Hermes Mitarbeitern, Vertragspartnern und sonstigen Erfüllungsgehilfen**" (nachfolgend „Verhaltenskodex") zu akzeptieren, dessen Kenntnisnahme er bestätigt. Der Vertragspartner erkennt diesen Verhaltenskodex als Grundlage seiner Geschäftsbeziehung mit Hermes an, beachtet diesen und garantiert seine Einhaltung. Diese Garantie umfasst auch die sonstigen vom Vertragspartner eingesetzten Subunternehmer, derer er sich zur Erfüllung seiner Verbindlichkeit gegenüber Hermes bedient. Der Verhaltenskodex ist auch jederzeit am Hermes Standort für den Vertragspartner erhältlich sowie auf der Hermes- Homepage abrufbar.

### 4.3

Hermes und der Vertragspartner stimmen darüber ein, dass Erfüllungsgehilfen („Zusteller") des Vertragspartners für erbrachte Leistungen durch den Vertragspartner jeweils zeitnah und vollständig vergütet werden.

### 4.4

Der Vertragspartner gewährleistet in seinem Verantwortungsbereich, dass die den Beschäftigten gezahlte Vergütung mindestens einer etwaigen gesetzlichen Entlohnung entspricht (Mindestlohn). Diese Verpflichtung gilt auch für etwaige vom Vertragspartner eingesetzte Subunternehmer. Werden dem Vertragspartner konkrete Anhaltspunkte bekannt, die befürchten lassen, dass die von ihm eingesetzten Subunternehmer der Verpflichtung zur Zahlung eines Mindestlohnes nicht nachkommen, muss er geeignete Maßnahmen ergreifen, um derartigen Verstößen entgegenzuwirken. Hermes ist dabei in jedem Falle unverzüglich zu informieren.

Wird Hermes für die Verpflichtungen des Vertragspartners oder eines von ihm eingesetzten Subunternehmers zur Zahlung des Mindestlohns in Anspruch genommen, hat Hermes gegenüber fälligen Vergütungsforderungen des Vertragspartners ein Zurückbehaltungsrecht und ist nach Erfüllung diesbezüglicher Zahlungspflichten ausdrücklich auch zur Aufrechnung mit Forderungen des Vertragspartners berechtigt.

## 5. Vergütung

### 5.1.

Für die vom Vertragspartner vertraglich zu erbringenden Leistungen wird die in **Anlage 1** festgelegte Vergütung zzgl. der jeweils geltenden Mehrwertsteuer gezahlt. Vergebliche Kundenanfahrten werden nicht vergütet.

Die Abrechnung zwischen dem Vertragspartner und Hermes erfolgt monatlich nachträglich per Gutschrift, aus der die erbrachten Leistungen ersichtlich sind. Maßgebend für die Berechnung der monatlichen Mengen sind die Auswertungen der Hermes der mittels Scanner erfassten zugestellten und der beim Kunden abgeholten Sendungen sowie der Zeitpunkt der Übertragung der Scannerdaten durch den Vertragspartner an die Hermes



211

**5.2.**

Der Vertragspartner zahlt an die Hermes für die Gebrauchsüberlassung der Sachmittel eine monatliche Nutzungs- und eine Reparaturpauschale gemäß **Anlage 2**.

**5.3**

Hermes rechnet je Sendung der Abrechnungsklasse AK 100 einen Kraftstoffzuschlag an, der indexbasiert Mehrkosten aus objektiven Kraftstoffpreissteigerungen gegenüber den in Anlage 1 kalkulierten Preisen auffängt.

Die dafür maßgebliche Tabelle ist diesem Vertrag als **Anlage 3** beigefügt.

**5.4**

Die Vergütung gemäß Anlage 1 sowie Anlage 3 kann für den Beginn des jeweiligen Folgemonats einvernehmlich geändert werden.

## 6. Haftung

**6.1**

Der Vertragspartner haftet für den Schaden, der durch Verlust oder Beschädigung der Sendungen in der Zeit von der Übernahme zur Beförderung bis zur Ablieferung oder durch Überschreitung der vereinbarten Lieferfristen (siehe Ziffer 3.1) entsteht gemäß den gesetzlichen Bestimmungen zum Frachtgeschäft.

> **Die vom Vertragspartner zu leistende Entschädigung wegen Verlust oder Beschädigung einer Sendung ist in den Fällen, in denen der Vertragspartner aufgrund der gesetzlichen Vorgaben nur begrenzt haftet, auf einen Haftungshöchstbetrag von 40 Sonderziehungsrechten" je Kilogramm Rohgewicht der Sendung begrenzt**

"Sonderziehungsrecht (SZR) ist eine Recheneinheit des internationalen Währungsfonds, die täglich neu festgesetzt wird. Der tagesaktuelle Kurs kann im Internet abgerufen werden. z.B. unter http://www.tis-gdv.de/tis/bedingungen/szr/szr.htm

**6.2**

Haftungsbegrenzungen gelten nach den gesetzlichen Bestimmungen nicht, wenn der Schaden auf eine Handlung oder Unterlassung zurückzuführen ist, die der Vertragspartner vorsätzlich oder leichtfertig und in dem Bewusstsein, dass ein Schaden mit Wahrscheinlichkeit eintreten werde, begangen hat.

**6.3**

Der Vertragspartner hat Handlungen und Unterlassungen seiner Erfüllungsgehilfen bzw. anderer Personen, derer er sich bei der Ausführung der Beförderung bedient, im gleichen Umfang zu vertreten wie eigene Handlungen und Unterlassungen, wenn diese in Ausübung ihrer Verrichtung handeln.

**6.4**

Soweit Rohgewichtsangaben für die Schadensabwicklung erforderlich, aber nicht bekannt sind, wird vermutet, dass das anzunehmende durchschnittliche Rohgewicht je Frachtstück 8 kg beträgt. Jeder Partei ist der Nachweis über ein abweichendes Sendungsgewicht je Frachtstück gestattet.

**6.5**

Hermes wird den Vertragspartner unverzüglich nach Kenntnis von einem Schadenfall hierüber informieren. Der Vertragspartner wird seinerseits unverzüglich und fundiert die Umstände darlegen, die seines Wissens zum Schaden geführt haben.

**6.6**

Wird eine Partei infolge höherer Gewalt an der Erfüllung ihrer Pflichten gehindert, so steht dem Vertragspartner kein Schadensersatz zu. Das Vorhandensein von Umständen höherer Gewalt und die voraussichtliche Dauer sind dem Vertragspartner umgehend anzuzeigen.

**6.7**

Der Vertragspartner haftet für Schäden an den ihm mietweise überlassenen Sachmitteln.

**6.8**

Der Vertragspartner hat für seine Tätigkeit ausreichende Versicherungen abzuschließen.

## 7. Konkurrenzklausel und Vertraulichkeit

**7.1**

Der Vertragspartner ist frei, selbständig am Markt weitere Leistungen anzubieten und zu erbringen, soweit diese die Erfüllung dieses Vertrages nicht beeinträchtigen.

**7.2**

Sofern der Vertragspartner während der Laufzeit dieses Vertrags gleichzeitig auch Transportdienstleistungen für Unternehmen durchführt, die mit der Hermes in Wettbewerb stehen (Kurier-, Express-, Paketdienste) hat er sicherzustellen, dass Sendungen der Hermes getrennt von denen anderer Kurier-, Express- oder Paketdienste abgewickelt und zugestellt werden.

**7.3**

Der Vertragspartner ist nicht berechtigt, im eigenen Namen oder im Namen der Hermes Paketannahmesysteme zu betreiben oder Hermes PaketShops selbständig zu akquirieren. Dabei ist unerheblich, wie solche konkurrierenden Systeme durch den Vertragspartner bezeichnet werden.

**7.4**

Der Vertragspartner verpflichtet sich, die sich aus der Zusammenarbeit mit der Hermes ergebenden Kenntnisse insbesondere über Geschäftsbeziehungen, Kunden, das Warenverteilungskonzept sowie die Ablauforganisation der Hermes vertraulich zu behandeln. Die gleiche Verpflichtung wird der Vertragspartner auch seinen Erfüllungs-/Verrichtungsgehilfen auferlegen. Diese Regelung gilt ausdrücklich auch nach Beendigung des Vertrages fort.

**7.5**

Die Parteien sind verpflichtet, personenbezogene Daten (nachfolgend „Daten") nur entsprechend dem Vertragszweck und den jeweils gültigen Bestimmungen des Bundesdatenschutzgesetzes (BDSG), den datenschutzrechtlichen Regelungen des Postgesetzes (PostG) und der Postdienste-Datenschutzverordnung (PDSV) zu verarbeiten.
Das Postgeheimnis sowie das Datengeheimnis (§ 5 BDSG) sind zu wahren. Diese Verpflichtung besteht auch nach Beendigung der Zusammenarbeit fort und umfasst insbesondere folgende Punkte:

- Daten und andere Informationen dürfen nicht zu einem anderen als dem geschäftlichen Zweck vervielfältigt werden; insbesondere ist es untersagt, das Datenmaterial für private Zwecke zu kopieren und/oder an Dritte – auch innerhalb des eigenen Unternehmens - weiter zu geben.
- Es dürfen nur die für die konkrete Aufgabenerfüllung notwendigen Daten abgerufen werden.
- Es ist untersagt, Daten zu verfälschen, unechte Daten herzustellen sowie vorsätzlich unechte oder verfälschte Daten zu gebrauchen.

- Unterlagen mit personenbezogenen Daten sind sicher vor dem Zugriff Dritter aufzubewahren.

Der Vertragspartner hat seine Zusteller bzw. andere Personen, derer er sich bei der Ausführung der Beförderung bedient (Subunternehmer), entsprechend zu verpflichten.

Verstöße gegen das Postgeheimnis und/ oder Datengeheimnis können strafrechtliche Konsequenzen haben.

### 7.6

Für jeden Fall der Zuwiderhandlung gegen Ziffer 7 ist unter Ausschluss der Einrede des Fortsetzungszusammenhangs vom Vertragspartner eine Vertragsstrafe in Höhe von EUR 2.500,-- zu entrichten. Die Geltendmachung eines weitergehenden Schadens bleibt vorbehalten.

## 8. Vertragsdauer und Kündigung

### 8.1

Dieser Vertrag tritt am 22.03.2018 in Kraft und wird auf unbestimmte Zeit geschlossen. Der Vertrag kann unter Einhaltung einer Frist von 3 Monat(en) zum Monatsende schriftlich von jeder Vertragspartei gekündigt werden.

### 8.2

Unberührt bleibt das Recht beider Vertragsparteien, den Vertrag bei Vorliegen eines wichtigen Grundes fristlos zu kündigen. Wichtige Gründe sind unter anderem die Beantragung eines Insolvenzverfahrens über das Vermögen des Vertragspartners, der fortgesetzte Verstoß gegen die in Ziffern 3.1, 3.3 genannten Anforderungen, Vermögensdelikte an zur Beförderung übergebenen Sendungen, sowie der Verstoß gegen die Bestimmungen der Ziffer 4.2 (Verhaltenskodex).

## 9. Sonstige Bestimmungen

### 9.1

Änderungen und Ergänzungen dieses Vertrages, einschließlich dieser Klausel, bedürfen der Schriftform.

### 9.2

Sollte eine Bestimmung dieses Vertrages ganz oder teilweise gegen gesetzliche Regelungen verstoßen oder aus sonstigen Gründen nichtig sein, wird dadurch die Gültigkeit des übrigen Vertrages nicht berührt. Die Parteien werden die nichtige Bestimmung im gegenseitigen Einvernehmen durch eine andere ersetzen, die dem wirtschaftlichen Zweck der unwirksamen am nächsten kommt.

### 9.3

Die Anlagen sind wesentliche Bestandteile des Vertrages. Bei Widersprüchen zwischen den Anlagen und diesem Vertrag gehen die Regelungen dieses Vertrages den Anlagen vor. Dies gilt auch für in Zukunft ergänzend vereinbarte Anlagen.

### 9.4

Die Übertragung von Pflichten auf bzw. die Abtretung von Rechten an Dritte aus diesem Vertrag ist dem Vertragspartner nur mit schriftlicher Zustimmung der Hermes gestattet.

**9.5**

Der Vertragspartner kann lediglich mit einer unbestrittenen oder rechtskräftig festgestellten Forderung gegen eine Forderung der Hermes aufrechnen. Ansonsten ist jede Aufrechnung durch den Vertragspartner ausgeschlossen.

**9.6**

Im Falle der Beendigung des Vertragsverhältnisses sind beide Parteien verpflichtet, alle ihr von der anderen Partei überlassenen Sachmittel und Unterlagen vollständig und im vertragsgemäßen Zustand unverzüglich zurückzugeben.

**9.7**

Ein Zurückbehaltungsrecht an den überlassenen Sachmitteln sowie an den im Besitz des Vertragspartners befindlichen Sendungen ist ausgeschlossen. Deren Herausgabe hat jederzeit auf erstes Anfordern an die Hermes zu erfolgen.

**9.8**

Im Falle der Beendigung des Vertragsverhältnisses – gleich aus welchem Grund – ist Hermes bis zur zeitnahen Feststellung aller verbliebenen Forderungen zwischen den Parteien berechtigt, die Zahlung der Schlussabrechnung über den Zeitpunkt ihrer Fälligkeit hinaus einzubehalten.

**9.9**

Als Gerichtsstand vereinbaren die Parteien Hamburg.


_____________________________
Ort, Datum

**Hermes Germany GmbH**

Giebesee , 27.03.18
_____________________________
Ort, Datum

Vertragspartner


**Anlage 1:** Preisvereinbarung
**Anlage 2:** Sachmittel
**Anlage 3:** Kraftstoffpreistabelle

Anlage 1 – zum Vertrag zur Paketdistribution vom 22.03.2018

| Zwischen | | Hermes Germany GmbH<br>Essener Straße 89, 22419 Hamburg |
|---|---|---|
| und | Firma | Stefan Sommer |
| | Anschrift | Thomas-Müntzer-Str. 8, 99189 Gebesee |

## Preisvereinbarung

für das Zustellgebiet des Standorts: Depot Erfurt  KoSt.: 2050

**Tourenelemente: 41;42;43**  Abrechnungsnr.: 350660

**Preise für Leistungen zzgl. MwSt.**

| Leistungen: | Klasse: | bisher: | neu gültig ab: 22.04.2018 | |
|---|---|---|---|---|
| Standardleistungen | 100 | | 1,65 | EUR/SE |
| Mitnahmeretouren | 114 | | 1,20 | EUR/SE |
| Abholretouren | 116 | | 1,65 | EUR/SE |
| Privat Service Mitnahme | 160 | | 1,20 | EUR/SE |
| PaketShop-Stopp mit bis zu 5 Sendungen | 162 | | 1,65 | EUR/Stopp |
| Einzelpreis ab 6. Sendung zu Klasse 162 | 164 | | 0,30 | EUR/SE |
| ProfiPaketService-Stopp mit bis zu 5 SE | 165 | | 1,65 | EUR/Stopp |
| Einzelpreis ab 6. Sendung zu Klasse 165 | 167 | | 0,30 | EUR/SE |
| Feierabendservice* | 108 | | 3,20 | EUR/SE |
| Premiumservice Standard* | 107 | | 3,20 | EUR/SE |
| Premiumservice Montag* | 109 | | 3,20 | EUR/SE |
| Eilsendung Standard* | 101 | | 1,65 | EUR/SE |
| Eilsendung Samstag* | 110 | | 1,65 | EUR/SE |
| Eilsendung Montag* | 118 | | 1,65 | EUR/SE |
| Wunschtermin Standard* | 103 | | 1,65 | EUR/SE |
| Wunschtermin Samstag* | 111 | | 1,65 | EUR/SE |
| Wunschtermin Montag* | 119 | | 1,65 | EUR/SE |
| DB-Kuriergepäck Standard | 170 | | 1,65 | EUR/SE |
| DB-Kuriergepäck Samstag | 171 | | 1,65 | EUR/SE |
| DB-Kuriergepäck Montag | 172 | | 1,65 | EUR/SE |
| Sofortservice* | 112 | | - | EUR/SE |
| Identservice* | 113 | | 2,00 | EUR/SE |
| Kataloge mit Quittung | 102 | | 1,65 | EUR/SE |
| Kataloge/Briefe 120 | 120 | | 0,37 | EUR/SE |
| Kataloge/Briefe 121 | 121 | | 0,37 | EUR/SE |
| Kataloge/Briefe 122 | 122 | | 0,37 | EUR/SE |
| Kataloge/Briefe 123 | 123 | | 0,44 | EUR/SE |
| Kataloge/Briefe 124 | 124 | | 0,49 | EUR/SE |
| Kataloge/Briefe 125 | 125 | | 0,54 | EUR/SE |
| Kataloge/Briefe 126 | 126 | | 0,59 | EUR/SE |
| Kataloge/Briefe 128 | 128 | | 0,64 | EUR/SE |
| Kataloge/Briefe 130 | 130 | | 0,80 | EUR/SE |
| DKS-Sendungen | 200 | | 1,70 | EUR/SE |
| Botenbehälter Abholung | 201 | | - | EUR/Beh. |
| Botenbehälter Zustellung | 202 | | - | EUR/Beh. |
| Briefbehälter Abholung | 205 | | - | EUR/Beh. |
| Briefbehälter Zustellung | 206 | | - | EUR/Beh. |
| Flyer/Wurfsendungen*** | 230 | | 0,04 | EUR/Stck. |
| Anhänger | 208 | | - | EUR/Anh. |
| Unvollständiges Avis | 000 | | 0,64 | EUR/SE |

* lt. spezieller Sendungs-Kennzeichnung *** nicht bei Hermes-Eigenwerbung

Hamburg, 19.03.2018

_______________________
Hermes Germany GmbH

Gebesee, 27.03.18

_______________________
Ort, Datum

_______________________
Vertragspartner

| | | |
|---|---|---|
| Zwischen | | Hermes Germany GmbH |
| | | Essener Straße 89, 22419 Hamburg |
| und | Firma | Stefan Sommer |
| | Anschrift | Thomas-Müntzer-Str. 8, 99189 Gebesee |
| | Abrechnungsnummer: | 350660 |

## Sachmittel

### 1. Art der Überlassung

Dem Vertragspartner wird die in Ziffer 6 aufgeführte Ausstattung während der Dauer des Vertrages mietweise zum Gebrauch überlassen. Die entsprechenden Ausrüstungsgegenstände sind nach Vertragsende unverzüglich an Hermes als Eigentümer zurückzugeben. Der Vertragspartner hat selbst für alle Verbrauchsmaterialien (Papier, Toner usw.) aufzukommen.

### 2. Nutzungsvergütung

2.1 Für die Nutzung der Sachmittel zahlt der Vertragspartner an Hermes die in Ziffer 6 festgelegten Sachmittelpauschalen.

2.2 Für die Scannerausstattung wird pro Gerät die aus Ziffer 6 ersichtliche Reparaturpauschale erhoben. Mit Zahlung dieser Pauschale sind alle Reparaturschäden mit Ausnahme der in Ziffer 4 genannten abgegolten. Eine Rückerstattung der Reparaturpauschale ist ausgeschlossen.

2.3 Die festgelegten Pauschalen sind monatlich, jeweils zuzüglich geltender gesetzlicher Mehrwertsteuer, zu zahlen.

### 3. Sorgfaltspflichten des Vertragspartners

Der Vertragspartner verpflichtet sich, die ihm überlassenen Sachmittel sorgfältig zu behandeln und ausschließlich zu den im Vertrag festgelegten Zwecken zu nutzen. Der Vertragspartner verpflichtet sich in diesem Zusammenhang, auf den vertragsgemäßen Gebrauch sowie den sorgfältigen Umgang mit den Sachmitteln durch Dritte, denen Geräte zur Nutzung überlassen werden, hinzuwirken. Das Verschulden Dritter hat der Vertragspartner insofern wie eigenes Verschulden zu vertreten.

Aus Sicherheitsgründen ist es nicht erlaubt, vertragspartnereigene Software jeglicher Art in die zur Verfügung gestellten EDV- und Kommunikationsmittel einzusetzen. Darüber hinaus ist es nicht gestattet, von Hermes überlassene Software für vertragspartnereigene oder private Zwecke zu kopieren.

### 4. Haftung für Scanner-Geräte

Reparaturschäden an den überlassenen Scanner-Geräten sind grundsätzlich mit der Reparaturpauschale gem. Ziffer 2.2 abgegolten. Der Vertragspartner haftet nur für folgende Schäden an den überlassenen Scanner-Geräten:

- Geräteverluste;
- Schadenfälle aufgrund von vorsätzlichem oder grob fahrlässigem Verhalten (z.B. Beschädigung durch mutwillige Zerstörung, Überrollen des Gerätes mit dem Fahrzeug);
- Schäden, die durch unsachgemäße Behandlung des Gerätes entstehen (z.B. Einsatz falscher Werkzeuge bei der Bedienung des Touchscreens, fehlender Einsatz des überlassenen Zubehörs, Schäden durch Reparaturtätigkeit eines Dritten).

Die Haftung des Vertragspartners gilt ebenfalls für das im Rahmen der Überlassung der Geräte übergebene Scanner-Zubehör.

### 5. Schadensabwicklung

Im Schadens- oder Verlustfall ist der zuständige Hermes Standort unverzüglich zu benachrichtigen. Das Gerät wird dann vom Hermes Personal geprüft, um unnötige Reparaturen zu vermeiden. Reparaturen am Gerät dürfen nur über den Hermes Standort abgewickelt und nur von durch Hermes bestimmte Lieferanten durchgeführt werden. Der Vertragspartner ist im Schadensfall nicht zur Reparaturvergabe an Dritte berechtigt. Bei Abgabe des defekten Gerätes an den Hermes Standort erhält der Vertragspartner ein einwandfreies Gerät im Austausch. Dieses Gerät ersetzt dauerhaft das zu reparierende Gerät, ein Rücktausch nach Reparatur des Gerätes erfolgt nicht. Das ausgegebene Zubehör wird bei Defekt oder Gebrauchsunfähigkeit ebenfalls im Austausch ersetzt.

## 6. Sachmittel

Der Vertragspartner hat nachfolgend aufgeführte EDV-Hard- und Software übernommen*:
(*nicht Zutreffendes streichen)

| Tourausstattung (MEDEA) | Bezeichnung | Anzahl | Summe |
|---|---|---|---|
| Tourscanner: (à € 15,- inkl. 2,- € Reparaturpauschale pro Monat) | Medea Motorola MC 9596-K | 9 | 135 € |
| Zubehör je Tourscanner: | 1 Trageholster 2 Dateneingabestifte | | |
| **Monatlicher Betrag Tourenausstattung gesamt:** | | | **135 €** |
| Insgesamt vom Auftragnehmer monatlich zu zahlender Betrag zzgl. MwST. fällig ab : 22.03.2018 | | | €.135 |

_______________________  
Ort, Datum

_______________________  
Hermes Germany GmbH

Gesece, 27.03. 18  
_______________________  
Ort, Datum

_______________________  
Vertragspartner

| | | |
|---|---|---|
| Zwischen | | Hermes Germany GmbH |
| | | Essener Straße 89, 22419 Hamburg |
| und | Firma | Stefan Sommer |
| | Anschrift | Thomas-Müntzer-Str. 8, 99189 Gebesee |
| | Abrechnungs-Nr. | 350660 |

## Kraftstoffpreistabelle Preisklausel

| Durchschnittlicher Kraftstoffpreis exkl. MwSt | | | "Preisindex für gewerbliche Produkte/ Dieselkraftstoff" gem. Stat. Bundesamt | | | Kraftstoffzuschlag in €/SE auf SE der AK 100 |
|---|---|---|---|---|---|---|
| €/Ltr Basisjahr 2010 = 1,031€/Ltr | | | Basisjahr 2010 = Index 100 | | | |
| | bis | 1,139 | | bis | 110,4 | 0,0000 |
| 1,140 | bis | 1,189 | 110,5 | bis | 115,3 | 0,0050 |
| 1,190 | bis | 1,239 | 115,4 | bis | 120,2 | 0,0100 |
| 1,240 | bis | 1,289 | 120,3 | bis | 125,0 | 0,0150 |
| 1,290 | bis | 1,339 | 125,1 | bis | 129,8 | 0,0200 |
| 1,340 | bis | 1,389 | 129,9 | bis | 134,7 | 0,0250 |
| 1,390 | bis | 1,439 | 134,8 | bis | 139,6 | 0,0300 |
| 1,440 | bis | 1,489 | 139,7 | bis | 144,3 | 0,0350 |
| 1,490 | bis | 1,539 | 144,4 | bis | 149,2 | 0,0400 |
| 1,540 | bis | 1,589 | 149,3 | bis | 154,1 | 0,0450 |
| ≥1,590 | | | ≥154,2 | | | 0,0500 |

Der Kraftstoffzuschlag sowie nachfolgende Erhöhungen/ Reduzierungen werden entsprechend der oben bezeichneten monatlichen Veröffentlichung des Statistischen Bundesamtes ermittelt. Aufgrund des Veröffentlichungsdatums des Dieselpreises am 15. des Folgemonats wird jeweils dieser Wert für den entsprechenden Monat in Ansatz gebracht und im jeweils darauffolgenden Monat abgerechnet*.

(*Beispiel: Der Kraftstoffzuschlag für Februar wird mit dem zeitversetzt am 15.03. bekanntgegeben Februar-Wert des Statistischen Bundesamtes nachträglich errechnet. Die Abrechnung des Kraftstoffzuschlages für Februar erfolgt daher mit der Vergütung für den Abrechnungszeitraum März.)

Bei einer Änderung des Basisjahres durch das Statistische Bundesamt ist Hermes berechtigt, die vorstehende Tabelle auf das neue Basisjahr bzw. den dann gültigen Index anzupassen.

Gebesee, 27.03.18

| | |
|---|---|
| Ort, Datum | Ort, Datum |
| Hermes Germany GmbH | Vertragspartner |

Stefan Sommer
Thomas-Müntzer-Straße 8
99189 Gebesee

Abrechnungnr.:350660
Kostenstelle:2050

Essener Straße 89
D-22419 Hamburg

Besucheradresse
Essener Bogen 1
D-22419 Hamburg

Friedewald, 01.10.2019

**Verbot von Akkord-/ Stücklöhnen**

Sehr geehrte Damen und Herren,

die Unternehmenspolitik der Hermes Germany GmbH orientiert sich an ethisch-moralischen Grundsätzen, die den Rahmen für unser Handeln bilden. Unsere Kunden und Vertragspartner dürfen von uns erwarten, dass wir Gesetze achten, ethische Standards einhalten und die geltende Rechtsordnung befolgen. Von einem entsprechenden Handeln unserer Partner gehen wir ebenso aus.

Unter Hinweis auf den Verhaltenskodex der Hermes Germany GmbH erlauben wir uns heute, unsere Vertragspartner daran zu erinnern, dass in der Paketzustellung die Zahlung von Akkord-/ Stücklöhnen grundsätzlich untersagt ist.

So heißt es in § 3 Satz 1 Fahrpersonalgesetz:

*„Mitglieder des Fahrpersonals dürfen als Arbeitnehmer nicht nach zurückgelegten Fahrstrecken oder der Menge der beförderten Güter entlohnt werden, auch nicht in Form von Prämien oder Zuschlägen für diese Fahrstrecken oder Gütermengen."*

**Vor diesem Hintergrund bitten wir Sie, uns gegenüber bis zum 09.10.2019 die in der Anlage beigefügte Erklärung abzugeben.**

Für Rückfragen stehen wir Ihnen gern zur Verfügung.

Mit freundlichen Grüßen

Hermes Germany GmbH

Thomas Wirth
Area Manager

Dennis Isern
Teamleiter Management Last Mile

Hermes Germany GmbH
Essener Straße 89
22419 Hamburg


**Erklärung zum Verbot von Akkord-/ Stücklöhnen**

Der für die Hermes Germany GmbH tätige Unternehmer

Stefan Sommer
Thomas-Müntzer-Straße 8
99189 Gebesee

Abrechnungnr.:350660
Kostenstelle:2050

gewährleistet, dass in seinen Verantwortungsbereichen das Verbot der Zahlung von Akkord-/ Stücklöhnen (§ 3 FpersG) uneingeschränkt beachtet wird.

Diese Verpflichtung gilt auch für etwaige vom Unternehmer eingesetzte Subunternehmer. Werden dem Unternehmer konkrete Anhaltspunkte bekannt, die befürchten lassen, dass die von ihm eingesetzten Subunternehmer gegen das Verbot der Zahlung von Akkord-/ Stücklöhnen verstoßen, muss er geeignete Maßnahmen ergreifen, um derartigen Verstößen entgegenzuwirken. Die Hermes Germany GmbH ist dabei in jedem Falle unverzüglich zu informieren.

Ort, Datum:

_______________________________
Unternehmer

**≡ Hermes**

Zwischen

Hermes Germany GmbH
Essener Straße 89
22419 Hamburg
- nachfolgend „Hermes" genannt -

und

Abr.Nr.: 350660

**Stefan Sommer**
Thomas-Müntzer-Straße 8
99189 Gebesee

- nachfolgend „Generalunternehmer" genannt

wird folgende Vereinbarung geschlossen:

### Prämiensystem zur Sicherung der Qualität

#### 1. Vereinbarungsgegenstand

Dem Vertragspartner wird im Rahmen eines Prämiensystems die Möglichkeit gegeben, über die Erreichung der von Hermes vorgegebenen Qualitätskriterien eine monatliche Bonuszahlung in Höhe von bis zu 0,08 € pro Sendung (LK 164) zu erreichen. Dies gilt ab dem Leistungsmonat: 06/2020

#### 2. Qualitätskriterien

2.1 Die Prämienregelung erfolgt anhand der nachfolgenden Qualitätskriterien. Für die Erreichung des Zielwertes beider Kriterien werden bei Erfüllung 0,08 € pro Sendung LK 164 gezahlt:

Erfüllungsquote Paketshop- Bedienung Zielwert:

1. Messzeitraum Montag-Freitag    ≥ 98%
2. Messzeitraum Samstag    ≥ 65%

2.2 Die Bezahlung erfolgt in Auswertung der monatlichen Qualitätskriterien (durch den Hermes Standort) auf Basis einer Rechnungslegung durch den Vertragspartner.

2.3 Die Bezahlung erfolgt ausschließlich auf die LK 164.

2.4 Ein Bonus wird nicht gezahlt, sofern im betroffenen Monat die 100%-ige Gebietsabdeckung (vertraglich vereinbarte TE) oder der Zielwert der vereinbarten Kriterien durch den AN nicht erreicht wurden.

#### 3. Laufzeit

3.1 Diese Zusatzvereinbarung tritt mit Unterzeichnung in Kraft und läuft auf unbestimmte Zeit. Sie kann von Hermes mit einer Frist von einem (1) Monat zum Monatsende gekündigt werden.

3.2 Diese Zusatzvereinbarung endet in jedem Fall mit Beendigung der Zusammenarbeit zwischen Hermes und dem Vertragspartner, ohne dass es einer Kündigung bedarf.

1

## 4. Sonstiges

4.1 Änderungen und Ergänzungen dieser Zusatzvereinbarung, einschließlich dieser Klausel, bedürfen der Schriftform.

4.2 Im Übrigen gelten die Bestimmungen des Vertrags zur Paketdistribution.


*Diese Zusatzvereinbarung ersetzt mit beiderseitiger Unterzeichnung die bisherige Vereinbarung der Parteien in gleicher Sache vom 01.02.2019.*


Friedewald, 15.05.2020
___________________________
Ort, Datum

Ort, Datum

i.V.
___________________________
Hermes Germany GmbH

Generalunternehmer

2

| | |
|---|---|
| Zwischen | Hermes Germany GmbH<br>Essener Straße 89 |
| | 22419 Hamburg |
| Standort: | Depot Erfurt |
| | - nachfolgend „Hermes" genannt - |

| | | |
|---|---|---|
| und | Firma | **Stefan Sommer** |
| | Straße | Thomas-Müntzer-Straße 8 |
| | PLZ, Ort | 99189 Gebesee |
| | Vertragsbeginn: | 22.03.2018 |
| | Abr-Nr.: | 350660 |
| | | - nachfolgend „Vertragspartner" genannt - |

wird folgende Vereinbarung

# Prämiensystem zur Sicherung der Qualität

geschlossen:

---

## 1. Vereinbarungsgegenstand

Dem Vertragspartner wird im Rahmen eines Prämiensystems die Möglichkeit gegeben, über die Erreichung der von Hermes vorgegebenen Qualitätskriterien eine monatliche Bonuszahlung zu erreichen.

## 2. Qualitätskriterien

**2.1** Die Prämienregelung erfolgt anhand der nachfolgenden Qualitätskriterien. Für die einzelnen Kriterien werden bei Erreichung des Zielwertes nachstehende Beträge pro Sendung gezahlt:

| Kriterium | Zielwert | |
|---|---|---|
| Laufzeit (E+0), Standardsendungen kumuliert/Monat; | ≥ 98,0% | 0,02 €/ Sendung |

Ein monatlicher Bonus wird nur dann durch Hermes gezahlt, wenn der Vertragspartner auch die vorgenannten zwingenden Qualitätskriterien erfüllt hat und die 100% ige Gebietsabdeckung (vertraglich vereinbarte TE) durch Eigenleistung sichergestellt wurde.

**2.2** Die Bezahlung erfolgt nach Auswertung der monatlichen Qualitätskriterien durch Hermes (Grundlage sind ausschließlich die ausgewerteten Daten seitens Hermes) durch Rechnungslegung oder durch Rechnungsstellung durch den Vertragspartner.

**2.3** Die Bezahlung erfolgt ausschließlich auf die Sendungen der Abrechnungsklasse 100 (Standardleistung).

**2.4** Für Vertragspartner am Depot, LC oder HZB wird die unter 2.1 genannte Qualität erst im Laufe des Jahres 2021 messbar gemacht. Bis dahin wird bei 100%iger Gebietsabdeckung durch Eigenleistung zu Gunsten des Vertragspartners eine 100%ige Erreichung der Qualitätskriterien angenommen.

### 3. Laufzeit

**3.1** Diese Zusatzvereinbarung tritt mit Unterzeichnung in Kraft und gilt ab dem Leistungsmonat 10-2020. Sie läuft auf unbestimmte Zeit und kann von Hermes mit einer Frist von einem (1) Monat zum Monatsende gekündigt werden.

**3.2** Diese Zusatzvereinbarung endet in jedem Fall mit Beendigung der Zusammenarbeit zwischen Hermes und dem Vertragspartner, ohne dass es einer Kündigung bedarf.

### 4. Sonstiges

**4.1** Änderungen und Ergänzungen dieser Zusatzvereinbarung, einschließlich dieser Klausel, bedürfen der Schriftform.

**4.2** Im Übrigen gelten die Bestimmungen des Vertrags zur Paketdistribution.

**4.3** Diese Zusatzvereinbarung ersetzt mit beiderseitiger Unterzeichnung die bisherige Zusatzvereinbarung in gleicher Sache (*gilt neu bei Neuanlage*).

| | |
|---|---|
| Ketzin, 12.10.2020 | Harald Schnetgöcke<br>General Area Manager<br>Hermes Germany GmbH |
| Friedewald, 13.10.2020 | |
| Ort, Datum | Thomas Wirth<br>Area Manager<br>Hermes Germany GmbH |
| Gebesee, 27.10.2020 | |
| Ort, Datum | Stefan Sommer<br>Vertragspartner |



225

Abrg.-Nr. 350660«Abrnr», KoSt.: 2050«Kst»

Hermes Germany GmbH · Postfach 62 00 00 · D-22402 Hamburg

Stefan Sommer
Thomas-Müntzer-Str. 8
99189 Gebesee

Essener Straße 89
D-22419 Hamburg

Besucheradresse
Essener Bogen 1
D-22419 Hamburg

Telefon: +49 (0)40 537 55-0
Durchwahl Tel.:   xxx
Durchwahl Fax:   xxx

**Friedewald, 24.07.2019**

**Erhöhung Zustellervergütung**
**Informationsschreiben**

Sehr geehrter Herr Sommer,

auch nach der Einführung und Umsetzung des gesetzlichen Mindestlohnes steigen die Kosten für die Abwicklung der Zustellung auf der Letzten Meile seit Längerem überproportional stark an. Betroffen davon sind u.a. die Kosten/ Aufwendungen, die Ihnen entstehen, um weiterhin bei Einhaltung aller gesetzlichen Anforderungen eine ordentliche Vergütung der bei Ihnen beschäftigten Zusteller zu gewährleisten. Selbstverständlich haben wir wie Sie ein hohes Interesse daran, alle für uns tätigen Zusteller auch vor dem Hintergrund einer herausfordernden Markt- & Mengenentwicklung weiterhin fair und angemessen zu vergüten. Daher haben wir beschlossen, die Vergütung für alle Zusteller im Auftrag der Hermes Germany GmbH mit sofortiger Wirkung anzuheben.

Entsprechend freuen wir uns, dass wir seit dem 01.09.2019 eine erhöhte Vergütung für die Paketzustellung (Standardleistung AK 100 und alle 100er-Klassen) anbieten können. Damit verbunden ist unsere Erwartung sicher zu stellen, dass der bezahlte Stundenlohn für die Zusteller ein Mindestmaß von 10,15 € erfüllt. Hierzu würde die bisherige Preisvereinbarung zum Vertrag um die beigefügte neue Preisvereinbarung ergänzt.

Darüber hinaus möchten wir Sie schon heute darüber informieren, dass Hermes zur weiteren Optimierung der Zustellabläufe ein digitales Tourenplanungssystem eingeführt hat, das einen deutlichen Produktivitätsgewinn und eine Steigerung der Flexibilität in Ihrer Disposition ermöglicht. Das Bezahlmodell erfährt nach Einführung der sich bereits im Testlauf befindlichen Tourenplanung eine einvernehmliche Anpassung. Hierzu werden wir nach dem Vorliegen valider Ergebnisse nochmals gesondert auf Sie zukommen.

In den kommenden Monaten möchten wir gemeinsam mit Ihnen aktiv an der Zukunft der Paketdistribution der Hermes Germany GmbH auf der Letzten Meile arbeiten. Für Ihre Unterstützung bedanken wir uns vorab.

Mit freundlichen Grüßen

Hermes Germany GmbH

Matthias Plack
General Area Manager Ost

Dennis Isern
Teamleiter Management Last Mile

Seite 1 von 1

| Zwischen | | Hermes Germany GmbH |
|---|---|---|
| | | Essener Straße 89, 22419 Hamburg |
| und | Firma | Stefan Sommer |
| | Anschrift | Thomas-Müntzer-Str. 8, 99189 Gebesee |
| | Abrechnungs-Nr. | 350660 |

## Kraftstoffpreistabelle Preisklausel

| Durchschnittlicher Kraftstoffpreis exkl. MwSt | | | "Preisindex für gewerbliche Produkte/ Dieselkraftstoff" gem. Stat. Bundesamt | | | Kraftstoffzuschlag in €/SE auf SE der AK 100 |
|---|---|---|---|---|---|---|
| €/Ltr Basisjahr 2015 = 0,976€/Ltr | | | Basisjahr 2015 = Index 100 | | | |
| 1,090 | bis | 1,139 | 111,6 | bis | 116,6 | 0,0000 |
| 1,140 | bis | 1,189 | 116,7 | bis | 121,8 | 0,0105 |
| 1,190 | bis | 1,239 | 121,9 | bis | 126,9 | 0,0210 |
| 1,240 | bis | 1,289 | 127,0 | bis | 132,0 | 0,0315 |
| 1,290 | bis | 1,339 | 132,1 | bis | 137,1 | 0,0420 |
| 1,340 | bis | 1,389 | 137,2 | bis | 142,2 | 0,0525 |
| 1,390 | bis | 1,439 | 142,3 | bis | 147,4 | 0,0630 |
| 1,440 | bis | 1,489 | 147,5 | bis | 152,4 | 0,0735 |
| 1,490 | bis | 1,539 | 152,5 | bis | 157,6 | 0,0840 |
| 1,540 | bis | 1,589 | 157,7 | bis | 162,7 | 0,0945 |
| ≥1,590 | | | ≥162,8 | | | 0,1050 |

Der Kraftstoffzuschlag sowie nachfolgende Erhöhungen/ Reduzierungen werden entsprechend der oben bezeichneten monatlichen Veröffentlichung des Statistischen Bundesamtes ermittelt. Aufgrund des Veröffentlichungsdatums des Dieselpreises am 15. des Folgemonats wird jeweils dieser Wert für den entsprechenden Monat in Ansatz gebracht und im jeweils darauffolgenden Monat abgerechnet*.

(*Beispiel: Der Kraftstoffzuschlag für Februar wird mit dem zeitversetzt am 15.03. bekanntgegeben Februar-Wert des Statistischen Bundesamtes nachträglich errechnet. Die Abrechnung des Kraftstoffzuschlages für Februar erfolgt daher mit der Vergütung für den Abrechnungszeitraum März.)

Bei einer Änderung des Basisjahres durch das Statistische Bundesamt ist Hermes berechtigt, die vorstehende Tabelle auf das neue Basisjahr bzw. den dann gültigen Index anzupassen.

Friedewald, 24.07.2019

24.08.19

Ort, Datum

Ort, Datum

D. Isern

Hermes Germany GmbH

Vertragspartner

| | | |
|---|---|---|
| Zwischen | | Hermes Germany GmbH<br>Essener Straße 89, 22419 Hamburg |
| und | Firma | Stefan Sommer |
| | Anschrift | Thomas-Müntzer-Str. 8, 99189 Gebesee |

## Preisvereinbarung

für das Zustellgebiet des Standorts: Depot Erfurt      KoSt.: 2050

**Tourenelemente: 46;**    * neu gültig ab sofort      Abrechnungsnr.: 350660

Preise für Leistungen zzgl. MwSt.

| Leistungen: | Klasse: | bisher: | neu gültig ab: 01.09.2019 | |
|---|---|---|---|---|
| Standardleistungen | 100 | 1,65 | 1,71 | EUR/SE |
| Mitnahmeretouren | 114 | 1,20 | 1,20 | EUR/SE |
| Abholretouren | 116 | 1,65 | 1,71 | EUR/SE |
| Privat Service Mitnahme | 160 | 1,20 | 1,20 | EUR/SE |
| PaketShop-Stopp mit bis zu 5 Sendungen | 162 | 2,00 | 2,00 | EUR/Stopp |
| Einzelpreis ab 6. Sendung zu Klasse 162 | 164 | 0,50 | 0,50 | EUR/SE |
| ProfiPaketService-Stopp mit bis zu 5 SE | 165 | 1,65 | 1,65 | EUR/Stopp |
| Einzelpreis ab 6. Sendung zu Klasse 165 | 167 | 0,30 | 0,30 | EUR/SE |
| Feierabendservice* | 108 | 3,20 | 3,20 | EUR/SE |
| Premiumservice Standard* | 107 | 3,20 | 3,20 | EUR/SE |
| Premiumservice Montag* | 109 | 3,20 | 3,20 | EUR/SE |
| Eilsendung Standard* | 101 | 1,65 | 1,71 | EUR/SE |
| Eilsendung Samstag* | 110 | 1,65 | 1,71 | EUR/SE |
| Eilsendung Montag* | 118 | 1,65 | 1,71 | EUR/SE |
| Wunschtermin Standard* | 103 | 1,65 | 1,71 | EUR/SE |
| Wunschtermin Samstag* | 111 | 1,65 | 1,71 | EUR/SE |
| Wunschtermin Montag* | 119 | 1,65 | 1,71 | EUR/SE |
| DB-Kuriergepäck Standard | 170 | 1,65 | 1,71 | EUR/SE |
| DB-Kuriergepäck Samstag | 171 | 1,65 | 1,71 | EUR/SE |
| DB-Kuriergepäck Montag | 172 | 1,65 | 1,71 | EUR/SE |
| Sofortservice* | 112 | - | - | EUR/SE |
| Identservice* | 113 | 2,00 | 2,00 | EUR/SE |
| Kataloge mit Quittung | 102 | 1,65 | 1,71 | EUR/SE |
| Kataloge/Briefe 120 | 120 | 0,37 | 0,37 | EUR/SE |
| Kataloge/Briefe 121 | 121 | 0,37 | 0,37 | EUR/SE |
| Kataloge/Briefe 122 | 122 | 0,37 | 0,37 | EUR/SE |
| Kataloge/Briefe 123 | 123 | 0,44 | 0,44 | EUR/SE |
| Kataloge/Briefe 124 | 124 | 0,49 | 0,49 | EUR/SE |
| Kataloge/Briefe 125 | 125 | 0,54 | 0,54 | EUR/SE |
| Kataloge/Briefe 126 | 126 | 0,59 | 0,59 | EUR/SE |
| Kataloge/Briefe 128 | 128 | 0,64 | 0,64 | EUR/SE |
| Kataloge/Briefe 130 | 130 | 0,80 | 0,80 | EUR/SE |
| DKS-Sendungen | 200 | 1,70 | 1,70 | EUR/SE |
| Botenbehälter Abholung | 201 | - | - | EUR/Beh. |
| Botenbehälter Zustellung | 202 | - | - | EUR/Beh. |
| Briefbehälter Abholung | 205 | - | - | EUR/Beh. |
| Briefbehälter Zustellung | 206 | - | - | EUR/Beh. |
| Flyer/Wurfsendungen*** | 230 | 0,04 | 0,04 | EUR/Stck. |
| Anhänger | 208 | - | - | EUR/Anh. |
| Unvollständiges Avis | 000 | 0,64 | 0,64 | EUR/SE |

* / ** spezieller Sendungs – Kennzeichnung *** nur bei Hermes-Eigenwerbung

| | |
|---|---|
| Friedewald, 24.07.2019 | Ort, Datum    21.08.19 |
| D. Jsen | |
| Hermes Germany GmbH | Vertragspartner |

Zwischen

Hermes Germany GmbH
Essener Straße 89
22419 Hamburg

- nachfolgend „Hermes" genannt -

und      Firma      Stefan Sommer

         Straße      Thomas-Müntzer-Straße 8

         PLZ, Ort      99189 Gebesee

Depot: Erfurt, Abrg.-Nr.: 350660, **KoSt.: 2050**

wird folgende

## Bonusvereinbarung

geschlossen:

### 1. Vereinbarungsgegenstand

Zwischen den Parteien besteht ein Vertrag zur Paketdistribution vom 22.03.2018. In Ergänzung dieses Vertrages wird dem Unternehmer im Rahmen eines Prämiensystems nunmehr die Möglichkeit gegeben, über die Erreichung von Hermes vorgegebener Qualitätskriterien entsprechende monatliche Boni zu erhalten.

### 2. Voraussetzungen / Qualitätskriterien / Höhe der Boni

**2.1**
Dieser Bonusvereinbarung unterfallen ausschließlich Unternehmer mit einer durch Eigenleistung erreichten Gebietsabdeckung von 100%. Lediglich diese Unternehmer können bei entsprechender Erfüllung der nachfolgend beschriebenen Qualitätskriterien (Ziffer 2.2 bis Ziffer 2.4) einen Anspruch auf monatliche Bonuszahlungen geltend machen. Unternehmer mit einer selbstverschuldeten Mengenbegrenzung (Bsp.: PLZ-Abschaltungen) sind von dieser Bonusvereinbarung ausgenommen.

**2.2**
Erreicht der Unternehmer im Bereich der Standardsendungen (nicht Eilsendungen) eine auf den einzelnen Kalendermonat bezogene E+0-Durchschnittsquote von mehr als 96%, so erhält er für diesen Monat einen Bonus in Höhe von 0,50 EUR multipliziert mit dem durchschnittlichen Tageszugang an Standardsendungen in dem entsprechenden Betrachtungsmonat.

**2.3**
Erreicht der Unternehmer im Bereich der Eilsendungen eine auf den einzelnen Kalendermonat bezogene E+0-Durchschnittsquote von mehr als 98%, so erhält er für diesen Monat einen Bonus in Höhe von 0,50 EUR multipliziert mit dem durchschnittlichen Tageszugang an Eilsendungen in dem entsprechenden Betrachtungsmonat.

**2.4**
Erreicht der Unternehmer im Bereich der Eilsendungen eine auf den einzelnen Kalendermonat bezogene E+0-Durchschnittsquote von mehr als 99%, so erhält er für diesen Monat einen Bonus in Höhe von 1,00 EUR multipliziert mit dem durchschnittlichen Tageszugang an Eilsendungen in dem entsprechenden Betrachtungsmonat. Der in Ziffer 2.3 beschriebene Bonusanspruch kommt in einem solchen Fall nicht ergänzend zur Anwendung.

1

**2.5**

Maßgebend für die Entscheidung, ob ein Qualitätskriterium entsprechend der Ziffern 2.2 bis 2.4 erfüllt worden ist, sind die seitens Hermes erhobenen Mengendaten.

**2.6**

Nachgewiesene Manipulationen durch den Unternehmer an den entscheidungserheblichen Daten führen zu einer sofortigen und unumkehrbaren Beendigung dieser Bonusvereinbarung.

**2.7**

Die Auszahlung der jeweiligen Boni erfolgt auf Basis einer Rechnungslegung durch den Unternehmer.

## 3. Laufzeit

**3.1**

Diese Bonusvereinbarung tritt am 01.09.2019 in Kraft und läuft fest befristet bis zum 29.02.2020. Sie endet mit Ablauf des 29.02.2020 ohne dass es einer entsprechenden Kündigung bedarf.

**3.2**

Diese Bonusvereinbarung endet außerdem in jedem Fall mit Beendigung der Zusammenarbeit zwischen Hermes und dem Unternehmer, ohne dass es einer gesonderten Kündigung der Vereinbarung bedarf.

## 4. Sonstiges

**4.1**

Änderungen und Ergänzungen dieser Vereinbarung, einschließlich dieser Klausel, bedürfen der Schriftform.

**4.2**

Im Übrigen gelten die Bestimmungen des Vertrages zur Paketdistribution unverändert fort.

Friedewald, den 27.08.2019

Hermes Germany GmbH

Datum: 05.09.19

Stefan Sommer

---

Thomas Wirth
Area Manager Kassel

Unternehmer

---

Martin Eichmann
Depot Manager

2

**≡ Hermes**

Zwischen

Hermes Germany GmbH
Essener Straße 89
22419 Hamburg
- nachfolgend „Hermes" genannt -

Standort: **Depot Erfurt**
Beginn: **01.02.2019**
Abr.-Nr.: **350660**

und

Stefan Sommer,
Thomas – Müntzer - Straße 8,
99189 Gebesee

- nachfolgend „Vertragspartner" genannt –

wird folgende Vereinbarung geschlossen:

### Prämiensystem zur Sicherung der Qualität der Paketshopentsorgung

**1. Vereinbarungsgegenstand**

Dem Vertragspartner wird im Rahmen eines Prämiensystems die Möglichkeit gegeben, über die Erreichung der von Hermes vorgegebenen Qualitätskriterien eine monatliche Bonuszahlung in Höhe von 0,08€ pro Sendung der Abrechnungsklasse 164 zu erreichen. Dies gilt ab dem Leistungsmonat: 02/2019

**2. Qualitätskriterien**

2.1 Die Prämienregelung erfolgt anhand des nachfolgenden Qualitätskriteriums. Für die einzelnen Kriterien werden bei Erreichung des Zielwertes nachstehende Beträge pro Sendung gezahlt:

Erfüllungsquote Paketshop-Bedienung ≥ 98%          0,08€ / Sendung

2.2 Die Bezahlung erfolgt in Auswertung der monatlichen Qualitätskriterien (durch den Hermes Standort) auf Basis einer Rechnungslegung durch den Vertragspartner.

2.3 Die Bezahlung erfolgt ausschließlich auf die Mengen der Leistungsklasse 164.

2.4 Ein Bonus wird nicht gezahlt, sofern im betroffenen Monat die 100%-ige Gebietsabdeckung (vertraglich vereinbarte Tourenelemente) oder der Zielwert der vereinbarten Kriterien durch den Auftragnehmer nicht erreicht wurden.

**3. Laufzeit**

3.1 Diese Zusatzvereinbarung tritt mit Unterzeichnung in Kraft und läuft auf unbestimmte Zeit. Sie kann von Hermes mit einer Frist von einem (1) Monat zum Monatsende gekündigt werden.

3.2 Diese Zusatzvereinbarung endet in jedem Fall mit Beendigung der Zusammenarbeit zwischen Hermes und dem Vertragspartner, ohne dass es einer Kündigung bedarf.

1

## 4.   Sonstiges

4.1 Änderungen und Ergänzungen dieser Zusatzvereinbarung, einschließlich dieser Klausel, bedürfen der Schriftform.

4.2 Im Übrigen gelten die Bestimmungen des Vertrages zur Paketdistribution.

~~Diese Zusatzvereinbarung ersetzt mit beiderseitiger Unterzeichnung die bisherige Vereinbarung der Parteien in gleicher Sache.~~

Fredewood, 28.01.19
_______________________________
Ort, Datum

15.02.2019
_______________________________
Ort, Datum

i.V.
_______________________________
Hermes Germany GmbH

_______________________________
Vertragspartner

**Anlage 1** – zum Vertrag zur Paketdistribution vom 22.03.2018

Zwischen

Hermes Germany GmbH
Essener Straße 89, 22419 Hamburg

und    Firma    Stefan Sommer

        Anschrift    Thomas-Müntzer-Str. 8, 99189 Gebesee

## Preisvereinbarung

für das Zustellgebiet des Standorts: Depot Erfurt    KoSt.: 2050

**Tourenelemente: 46**    Abrechnungsnr.: 350660

Preise für Leistungen zzgl. MwSt.

| Leistungen: | Klasse: | bisher: | neu gültig ab: 01.02.2019 | |
|---|---|---|---|---|
| Standardleistungen | 100 | 1,65 | 1,65 | EUR/SE |
| Mitnahmeretouren | 114 | 1,20 | 1,20 | EUR/SE |
| Abholretouren | 116 | 1,65 | 1,65 | EUR/SE |
| Privat Service Mitnahme | 160 | 1,20 | 1,20 | EUR/SE |
| PaketShop-Stopp mit bis zu 5 Sendungen | 162 | 1,65 | 2,00 | EUR/Stopp |
| Einzelpreis ab 6. Sendung zu Klasse 162 | 164 | 0,30 | 0,50 | EUR/SE |
| ProfiPaketService-Stopp mit bis zu 5 SE | 165 | 1,65 | 1,65 | EUR/Stopp |
| Einzelpreis ab 6. Sendung zu Klasse 165 | 167 | 0,30 | 0,30 | EUR/SE |
| Feierabendservice* | 108 | 3,20 | 3,20 | EUR/SE |
| Premiumservice Standard* | 107 | 3,20 | 3,20 | EUR/SE |
| Premiumservice Montag* | 109 | 3,20 | 3,20 | EUR/SE |
| Eilsendung Standard* | 101 | 1,65 | 1,65 | EUR/SE |
| Eilsendung Samstag* | 110 | 1,65 | 1,65 | EUR/SE |
| Eilsendung Montag* | 118 | 1,65 | 1,65 | EUR/SE |
| Wunschtermin Standard* | 103 | 1,65 | 1,65 | EUR/SE |
| Wunschtermin Samstag* | 111 | 1,65 | 1,65 | EUR/SE |
| Wunschtermin Montag* | 119 | 1,65 | 1,65 | EUR/SE |
| DB-Kuriergepäck Standard | 170 | 1,65 | 1,65 | EUR/SE |
| DB-Kuriergepäck Samstag | 171 | 1,65 | 1,65 | EUR/SE |
| DB-Kuriergepäck Montag | 172 | 1,65 | 1,65 | EUR/SE |
| Sofortservice* | 112 | - | - | EUR/SE |
| Identservice* | 113 | 2,00 | 2,00 | EUR/SE |
| Kataloge mit Quittung | 102 | 1,65 | 1,65 | EUR/SE |
| Kataloge/Briefe 120 | 120 | 0,37 | 0,37 | EUR/SE |
| Kataloge/Briefe 121 | 121 | 0,37 | 0,37 | EUR/SE |
| Kataloge/Briefe 122 | 122 | 0,37 | 0,37 | EUR/SE |
| Kataloge/Briefe 123 | 123 | 0,44 | 0,44 | EUR/SE |
| Kataloge/Briefe 124 | 124 | 0,49 | 0,49 | EUR/SE |
| Kataloge/Briefe 125 | 125 | 0,54 | 0,54 | EUR/SE |
| Kataloge/Briefe 126 | 126 | 0,59 | 0,59 | EUR/SE |
| Kataloge/Briefe 128 | 128 | 0,64 | 0,64 | EUR/SE |
| Kataloge/Briefe 130 | 130 | 0,80 | 0,80 | EUR/SE |
| DKS-Sendungen | 200 | 1,70 | 1,70 | EUR/SE |
| Botenbehälter Abholung | 201 | - | - | EUR/Beh. |
| Botenbehälter Zustellung | 202 | - | - | EUR/Beh. |
| Briefbehälter Abholung | 205 | - | - | EUR/Beh. |
| Briefbehälter Zustellung | 206 | - | - | EUR/Beh. |
| Flyer/Wurfsendungen*** | 230 | 0,04 | 0,04 | EUR/Stck. |
| Anhänger | 208 | - | - | EUR/Anh. |
| Unvollständiges Avis | 000 | 0,64 | 0,64 | EUR/SE |

* lt. spezieller Sendungs – Kennzeichnung *** nicht bei Hermes-Eigenwerbung

Friedewald, 28.01.19    Ort, Datum 15.02.2019

_______________________    _______________________
Hermes Germany GmbH    Vertragspartner

Seite 1 von 1

## Einvernehmliche Vertragsänderung  Generalunternehmer

Zwischen der Hermes Germany GmbH

Standort (LC)   Erfurt/ ZSB VP Sommer

und

Unternehmer   Handelsvertretung Stefan Sommer
Name, Firma

Thomas Müntzer Straße 8
Straße, Hausnr.

99189   Gebesee
PLZ   Ort

besteht der o.g. Generalunternehmervertrag / Vertrag zur Paketdistribution vom 22.03.2018 (Datum).

**Mit Wirkung ab dem 01.12.2018 (Datum) wird das Vertragsverhältnis wie folgt geändert:**

☐ Abrechnungsnummern (AbrNR)

| Abrechnungsnummern (alt) | Abrechnungsnummern (neu) |
|---|---|
|  |  |

☒ Tourenelement

| Tourenelemente (alt) | Tourenelemente (neu) |
|---|---|
| 40 | 46 |

**Alle übrigen vertraglichen Bestimmungen bleiben unberührt.**

Friedewald, den 18.12.2018

Hermes Germany GmbH

i.V.
Name:   Sven Klimpel
Funktion: General Area Manager

Name:   Tobias Krones
Funktion: Area Manager Last Mile

08.01.2019  den   Wundersleb

Unternehmer (Unterschrift / Stempel)

Diese Vertragsänderung ist doppelt auszufertigen und allseits zu unterzeichnen. Eine Ausfertigung ist für den Unternehmer bestimmt; eine Ausfertigung für Hermes (Verbleib: Zentrale FC-ST)

Unt_036 / 06.16

Hermes Germany GmbH • Postfach 62 02 60 • D-22402 Hamburg

Stefan Sommer
Thomas-Müntzer-Straße 8
99189 Gebesee

Essener Straße 89
D-22419 Hamburg

Besucheradresse
Essener Bogen 1
D-22419 Hamburg

Telefon: +49 (0)40 537 55-0
Durchwahl Tel.:   xxx
Durchwahl Fax:   xxx

Friedewald, 01.08.2020

**Vertragsnachtrag – Vereinbarung über Auftragsverarbeitung gem. DSGVO Vorgabe**

Sehr geehrte Damen und Herren,

wie vorab informiert bitten wir Sie um die Unterzeichnung des beigelegten Nachtrages, der für alle aktuell aktiven Verträge gilt.

Der vorliegende Nachtrag enthält zum einen eine aktualisierte Datenschutzklausel und zum anderen eine anhängende Vereinbarung über Auftragsverarbeitung (AVV).

Mit Einführung der europäischen Datenschutzgrundverordnung (DSGVO) gibt es Vorgaben und Richtlinien zur Weitergabe und Verarbeitung von personenbezogenen Daten. Eine AVV ist die vertragliche Grundlage, um personenbezogene Daten weitergeben und verarbeiten zu dürfen. Die Vorgaben der DSGVO werden mit dem Abschluss eines AVV eingehalten.

Es handelt sich um Standardformulierungen, die die aktuellen gesetzlichen und datenschutzrechtlichen Mindestanforderungen widerspiegeln. Dies bedeutet, beide Vertragspartner haben hier keinen Spielraum für Änderungen.

Wir bitten Sie, uns ein unterschriebenes Original **bis spätestens zum 21.08.2020** mit dem beigelegten Rücksendeformular zurückzusenden. Das andere Original verbleibt bei Ihnen.

Bei Rückfragen kontaktieren Sie bitte ihren Hermes Ansprechpartner.

Mit freundlichen Grüßen

Hermes Germany GmbH

Harald Schnetgöcke
General Area Manager

Zwischen         Hermes Germany GmbH
               Essener Straße 89

               22419 Hamburg

               - nachfolgend „Hermes" genannt -

und         Firma       Stefan Sommer

             Straße      Thomas-Müntzer-Straße 8

             PLZ, Ort    99189 Gebesee

               - nachfolgend „Vertragspartner" genannt -

wird folgender

# Nachtrag
## zu Vertragsverhältnissen der Paketdistribution

geschlossen:

---

**Präambel:**

Hermes und Vertragspartner sind vertraglich verbunden durch die Beauftragung des Vertragspartners mit der Zustellung und Abholung von Sendungen („Letzte Meile") sowie aller damit verbundenen Nebenleistungen.

### 1. Datenschutz und Vereinbarung über Auftragsverarbeitung

Für sämtliche zwischen den oben genannten Vertragsparteien bestehende Vertragsverhältnisse wird die Regelung zum Datenschutz wie folgt geändert bzw. ergänzt:

Die Parteien sind verpflichtet, personenbezogene Daten (nachfolgend „Daten") nur entsprechend dem Vertragszweck und den jeweils gültigen Bestimmungen der EU-Datenschutzgrundverordnung (DSGVO), des Bundesdatenschutzgesetzes (BDSG) und den datenschutzrechtlichen Regelungen des Postgesetzes (PostG) zu verarbeiten.

Vertragspartner hat dabei insbesondere die in Art. 5 Abs. 1 DSGVO festgelegten Grundsätze für die Verarbeitung personenbezogener Daten zu beachten und die zur Erfüllung dieses Vertrags eingesetzten Mitarbeiter, Subunternehmer und andere Erfüllungsgehilfen gleichfalls zur Beachtung dieser Grundsätze zu verpflichten. Diese Grundsätze beinhalten im Wesentlichen folgende Verpflichtungen:

Personenbezogene Daten müssen

1. auf rechtmäßige Weise und in einer für die betroffene Person nachvollziehbaren Weise verarbeitet werden;
2. für festgelegte, eindeutige und legitime Zwecke erhoben werden und dürfen nicht in einer mit diesen Zwecken nicht zu vereinbarenden Weise weiterverarbeitet werden;
3. dem Zweck angemessen und erheblich sowie auf das für die Zwecke der Verarbeitung notwendige Maß beschränkt sein („Datenminimierung");
4. sachlich richtig und erforderlichenfalls auf dem neuesten Stand sein; es sind alle angemessenen Maßnahmen zu treffen, damit personenbezogene Daten, die im Hinblick auf die Zwecke ihrer Verarbeitung unrichtig sind, unverzüglich gelöscht oder berichtigt werden;
5. in einer Form gespeichert werden, die die Identifizierung der betroffenen Personen nur so lange ermöglicht, wie es für die Zwecke, für die sie verarbeitet werden, erforderlich ist;
6. in einer Weise verarbeitet werden, die eine angemessene Sicherheit der personenbezogenen Daten gewährleistet, einschließlich Schutz vor unbefugter oder unrechtmäßiger Verarbeitung und vor

unbeabsichtigtem Verlust, unbeabsichtigter Zerstörung oder unbeabsichtigter Schädigung durch geeignete technische und organisatorische Maßnahmen („Integrität und Vertraulichkeit").

Verstöße gegen das Postgeheimnis und/ oder datenschutzrechtliche Bestimmungen können strafrechtliche Konsequenzen haben.

Zur genauen Regelung der Rechte und Pflichten der Parteien im Zusammenhang mit der Verarbeitung von personenbezogenen Daten schließen die Parteien die diesem Vertrag als **Anlage AVV** beigefügte Vereinbarung über Auftragsverarbeitung.

## 2. Sonstige Bestimmungen

Alle weiteren Bestimmungen sämtlicher Vertragsverhältnisse behalten ihre Gültigkeit und gelten unverändert fort.

_Berlin 29.09.2020_
Ort, Datum

Harald Schnetgöcke
General Area Manager
Hermes Germany GmbH

_Friedewald_  01.03.20
Ort, Datum

Thomas Wirth
Area Manager Kassel
Hermes Germany GmbH

_Gröbesee 26.08.20_
Ort, Datum

Stefan Sommer
Vertragspartner

**Anlage AVV:**     Vereinbarung über Auftragsverarbeitung

**Anlage AVV**

**Vereinbarung über Auftragsverarbeitung nach DS-GVO**

zwischen

Stefan Sommer

Thomas-Müntzer-Straße 8

99189 Gebesee

- nachfolgend „**Auftraggeber**" -

und

Hermes Germany GmbH

Essener Straße 89

22419 Hamburg

- nachfolgend „**Auftragnehmer**" -

- beide gemeinsam nachstehend „**Parteien**" genannt" -

I. **Präambel**

Diese Vereinbarung konkretisiert die Rechte und Pflichten der Parteien zum Datenschutz, die sich aus der Verarbeitung personenbezogener Daten gemäß dem zwischen den Parteien abzuschließenden oder bereits bestehenden Paketdistributions-Verträgen (nachfolgend „**Hauptvertrag**") ergeben.

Diese Vereinbarung findet Anwendung auf alle Tätigkeiten, die mit dem Hauptvertrag in Zusammenhang stehen und bei denen Beschäftigte des Auftragnehmers oder durch den Auftragnehmer Beauftragte, personenbezogene Daten des Aufraggebers verarbeiten.

II. **Gegenstand und Dauer des Auftrags**

1. **Gegenstand**

Der Auftraggeber beauftragt den Auftragnehmer hiermit, in dessen Auftrag personenbezogene Daten zu verarbeiten, soweit dies erforderlich ist, um die Leistungen zu erbringen, die durch den Hauptvertrag geregelt sind. Gegenstand des Auftrags zum Datenumgang ist die Durchführung von Sendungszustellung und -abholung sowie aller damit verbundenen Nebenleistungen. Der Auftragnehmer ist dabei als Auftragsverarbeiter für den Auftraggeber tätig.

Der Auftraggeber ist im Rahmen des Hauptvertrages für die Einhaltung der gesetzlichen Bestimmungen der Datenschutzgesetze, insbesondere für die Rechtmäßigkeit der Datenweitergabe an den Auftragnehmer sowie für die Rechtmäßigkeit der Datenverarbeitung allein verantwortlich („Verantwortlicher" im Sinne des Art. 4 Nr. 7 DS-GVO bzw. der jeweils geltenden datenschutzrechtlichen Vorschriften).

2. **Dauer**

Die Dauer dieses Auftrags entspricht der Laufzeit des Hauptvertrags.

**III.  Konkretisierung des Auftragsinhalts:**

**1.  Art und Zweck der vorgesehenen Verarbeitung von Daten**

Art und Zweck der Verarbeitung personenbezogener Daten durch den Auftragnehmer für den Auftraggeber sind konkret beschrieben in der Leistungsbeschreibung zum Hauptvertrag.

Die Erbringung der vertraglich vereinbarten Datenverarbeitung findet ausschließlich in einem Mitgliedsstaat der Europäischen Union oder in einem anderen Vertragsstaat des Abkommens über den Europäischen Wirtschaftsraum statt.

Jede Verlagerung in ein Drittland bedarf der vorherigen Zustimmung des Auftraggebers und darf nur erfolgen, wenn die besonderen Voraussetzungen der Art. 44 ff. DS-GVO erfüllt sind.

**2.  Art der Daten**

Gegenstand der Verarbeitung personenbezogener Daten sind folgende Datenarten/-kategorien:

- Personenstammdaten (Name)
- Firmenstammdaten (Firma, Anschrift, Öffnungszeiten)
- Planungs- und Steuerungsdaten

**3.  Kategorien betroffener Personen**

Die Kategorien der durch die Verarbeitung betroffenen Personen umfassen:

- Beschäftigte des Auftraggebers

**IV.  Technisch-organisatorische Maßnahmen**

1.  Der Auftragnehmer hat die Umsetzung der im Vorfeld der Auftragsvergabe dargelegten und erforderlichen technischen und organisatorischen Maßnahmen vor Beginn der Verarbeitung, insbesondere hinsichtlich der konkreten Auftragsdurchführung zu dokumentieren und dem Auftraggeber zur Prüfung zu übergeben. Bei Akzeptanz durch den Auftraggeber werden die dokumentierten Maßnahmen Grundlage des Auftrags. Soweit die Prüfung/ein Audit des Auftraggebers einen Anpassungsbedarf ergibt, ist dieser einvernehmlich umzusetzen.

2.  Der Auftragnehmer hat die Sicherheit gem. Art. 28 Abs. 3 lit. c, 32 DS-GVO insbesondere in Verbindung mit Art. 5 Abs. 1, Abs. 2 DS-GVO herzustellen. Insgesamt handelt es sich bei den zu treffenden Maßnahmen um Maßnahmen der Datensicherheit und zur Gewährleistung eines dem Risiko angemessenen Schutzniveaus hinsichtlich der Vertraulichkeit, der Integrität, der Verfügbarkeit sowie der Belastbarkeit der Systeme. Dabei sind der Stand der Technik, die Implementierungskosten und die Art, der Umfang und die Zwecke der Verarbeitung sowie die unterschiedliche Eintrittswahrscheinlichkeit und Schwere des Risikos für die Rechte und Freiheiten natürlicher Personen im Sinne von Art. 32 Abs. 1 DS-GVO zu berücksichtigen

3.  Die technischen und organisatorischen Maßnahmen unterliegen dem technischen Fortschritt und der Weiterentwicklung. Insoweit ist es dem Auftragnehmer gestattet, alternative adäquate Maßnahmen umzusetzen. Dabei darf das Sicherheitsniveau der festgelegten Maßnahmen nicht unterschritten werden. Wesentliche Änderungen sind zu dokumentieren. Kernkundendaten dürfen ausschließlich verschlüsselt gespeichert werden.

**V.  Berichtigung, Einschränkung und Löschung von Daten**

1.  Der Auftragnehmer darf die Daten, die im Auftrag verarbeitet werden, nicht eigenmächtig sondern nur nach dokumentierter Weisung des Auftraggebers berichtigen, löschen oder deren Verarbeitung einschränken. Soweit eine betroffene Person sich diesbezüglich unmittelbar an den Auftragnehmer wendet, wird der Auftragnehmer dieses Ersuchen unverzüglich an den Auftraggeber weiterleiten.

2.  Soweit vom Leistungsumfang umfasst, sind Löschkonzept, Recht auf Vergessenwerden, Berichtigung, Datenportabilität und Auskunft nach dokumentierter Weisung des Auftraggebers unmittelbar durch den Auftragnehmer sicherzustellen.

**VI.   Qualitätssicherung und sonstige Pflichten des Auftragnehmers**

Der Auftragnehmer hat zusätzlich zu der Einhaltung der Regelungen dieses Auftrags gesetzliche Pflichten gemäß Art. 28 bis 33 DS-GVO; insofern gewährleistet er insbesondere die Einhaltung folgender Vorgaben:

a)  Schriftliche Bestellung eines Datenschutzbeauftragten, der seine Tätigkeit gemäß Art. 38 und 39 ausübt.

   Als Datenschutzbeauftragte(r) ist beim Auftragnehmer Frau Edda Gebel, Hermes Germany GmbH, Essener Straße 89, 22419 Hamburg bestellt. Ein Wechsel des Datenschutzbeauftragten wird dem Auftraggeber unverzüglich mitgeteilt.

b)  Die Wahrung der Vertraulichkeit gemäß Art. 28 Abs. 3 S. 2 lit. b, 29, 32 Abs. 4 DS-GVO. Der Auftragnehmer setzt bei der Durchführung der Arbeiten nur Beschäftigte ein, die auf die Vertraulichkeit verpflichtet und zuvor mit den für sie relevanten Bestimmungen zum Datenschutz vertraut gemacht wurden. Der Auftragnehmer und jede dem Auftragnehmer unterstellte Person, die Zugang zu personenbezogenen Daten hat, dürfen diese Daten ausschließlich entsprechend der Weisung des Auftraggebers verarbeiten einschließlich der in diesem Vertrag eingeräumten Befugnisse, es sei denn, dass sie gesetzlich zur Verarbeitung verpflichtet sind.

c)  Die Umsetzung und Einhaltung aller für diesen Auftrag erforderlichen technischen und organisatorischen Maßnahmen gemäß Art. 28 Abs. 3 S. 2 lit. c, 32 DS-GVO; Einzelheiten in der Anlage zu dieser Vereinbarung.

d)  Der Auftraggeber und der Auftragnehmer arbeiten auf Anfrage mit der Aufsichtsbehörde bei der Erfüllung ihrer Aufgaben zusammen.

e)  Die unverzügliche Information des Auftraggebers über Kontrollhandlungen und Maßnahmen der Aufsichtsbehörde, soweit sie sich auf diesen Auftrag beziehen. Dies gilt auch, soweit eine zuständige Behörde im Rahmen eines Ordnungswidrigkeits- oder Strafverfahrens in Bezug auf die Verarbeitung personenbezogener Daten bei der Auftragsverarbeitung beim Auftragnehmer ermittelt.

f)  Soweit der Auftraggeber seinerseits einer Kontrolle der Aufsichtsbehörde, einem Ordnungs-widrigkeits- oder Strafverfahren, dem Haftungsanspruch einer betroffenen Person oder eines Dritten oder einem anderen Anspruch im Zusammenhang mit der Auftragsverarbeitung beim Auftragnehmer ausgesetzt ist, hat ihn der Auftragnehmer nach besten Kräften zu unterstützen.

g)  Der Auftragnehmer kontrolliert regelmäßig die internen Prozesse sowie die technischen und organisatorischen Maßnahmen (Anlage), um zu gewährleisten, dass die Verarbeitung in sei-nem Verantwortungsbereich im Einklang mit den Anforderungen des geltenden Datenschutzrechts erfolgt und der Schutz der Rechte der betroffenen Person gewährleistet wird.

h)  Nachweisbarkeit der getroffenen technischen und organisatorischen Maßnahmen (Anlage) gegenüber dem Auftraggeber im Rahmen seiner Kontrollbefugnisse nach Ziffer VII dieses Vertrages.

**VII.    Unterauftragsverhältnisse**

1.  Der Auftragnehmer darf Unterauftragnehmer (weitere Auftragsverarbeiter) nur nach vorheriger ausdrücklicher schriftlicher bzw. dokumentierter Zustimmung des Auftraggebers beauftragen.

2.  Der Auftraggeber stimmt der Beauftragung der nachfolgenden Unterauftragnehmer zu unter der Bedingung einer vertraglichen Vereinbarung nach Maßgabe des Art. 28 Abs. 2-4 DS-GVO:

| Firma Unterauftragnehmer | Anschrift /Land | Leistung |
| --- | --- | --- |
| SGS Germany GmbH | Rödingsmarkt 16<br>20459 Hamburg | Auditierung |
| DQS GmbH | August-Schanz-Straße 21<br>60433 Frankfurt am Main | Auditierung |

3.  Auch ohne ausdrückliche Zustimmung gemäß obiger Ziff. 1 ist die Auslagerung auf Unterauftragnehmer oder der Wechsel des bestehenden Unterauftragnehmers zulässig, soweit:

- der Auftragnehmer eine solche Auslagerung auf Unterauftragnehmer dem Auftraggeber eine angemessene Zeit vorab schriftlich oder in Textform anzeigt und
- der Auftraggeber nicht bis zum Zeitpunkt der Übergabe der Daten gegenüber dem Auftragnehmer schriftlich oder in Textform Einspruch gegen die geplante Auslagerung erhebt und
- eine vertragliche Vereinbarung nach Maßgabe des Art. 28 Abs. 2-4 DS-GVO zugrunde gelegt wird.

4.  Die Weitergabe von personenbezogenen Daten des Auftraggebers an den Unterauftragnehmer und dessen erstmaliges Tätigwerden sind erst mit Vorliegen aller Voraussetzungen für eine Unterbeauftragung gestattet.

5.  Erbringt der Unterauftragnehmer die vereinbarte Leistung außerhalb der EU/des EWR, stellt der Auftragnehmer die datenschutzrechtliche Zulässigkeit durch entsprechende Maßnahmen sicher.

6.  Eine weitere Auslagerung durch den Unterauftragnehmer bedarf der vorherigen schriftlichen Zustimmung Hauptauftraggebers (mindestens Textform).

**VIII.    Kontrollrechte des Auftraggebers**

1.  Der Auftraggeber hat das Recht, im Benehmen mit dem Auftragnehmer Überprüfungen durchzuführen oder durch im Einzelfall zu benennende Prüfer durchführen zu lassen. Er hat das Recht, sich durch Stichprobenkontrollen, die in der Regel rechtzeitig anzumelden sind, von der Einhaltung dieser Vereinbarung durch den Auftragnehmer in dessen Geschäftsbetrieb zu überzeugen.

2.  Der Auftragnehmer stellt sicher, dass sich der Auftraggeber von der Einhaltung der Pflichten des Auftragnehmers nach Art. 28 DS-GVO überzeugen kann. Der Auftragnehmer verpflichtet sich, dem Auftraggeber auf Anforderung die erforderlichen Auskünfte zu erteilen und insbesondere die Umsetzung der technischen und organisatorischen Maßnahmen (Anlage) nachzuweisen.

3.  Der Nachweis solcher Maßnahmen, die nicht nur den konkreten Auftrag betreffen, kann erfolgen durch

- die Einhaltung genehmigter Verhaltensregeln gemäß Art. 40 DS-GVO;
- die Zertifizierung nach einem genehmigten Zertifizierungsverfahren gemäß Art. 42 DS-GVO;

- aktuelle Testate, Berichte oder Berichtsauszüge unabhängiger Instanzen (z.B. Wirtschaftsprüfer, Revision, Datenschutzbeauftragter, IT-Sicherheitsabteilung, Datenschutz-auditoren, Qualitätsauditoren);
- eine geeignete Zertifizierung durch IT-Sicherheits- oder Datenschutzaudit (z.B. nach BSI-Grundschutz).

### IX. Mitteilung bei Verstößen des Auftragnehmers

Der Auftragnehmer unterstützt den Auftraggeber bei der Einhaltung der in den Artikeln 32 bis 36 der DS-GVO genannten Pflichten zur Sicherheit personenbezogener Daten, Meldepflichten bei Datenpannen, Datenschutz-Folgeabschätzungen und vorherige Konsultationen. Hierzu gehören u.a.

a) die Sicherstellung eines angemessenen Schutzniveaus durch technische und organisatorische Maßnahmen, die die Umstände und Zwecke der Verarbeitung sowie die prognostizierte Wahrscheinlichkeit und Schwere einer möglichen Rechtsverletzung durch Sicherheitslücken berücksichtigen und eine sofortige Feststellung von relevanten Verletzungsereignissen ermöglichen;

b) die Verpflichtung, Verletzungen personenbezogener Daten unverzüglich an den Auftraggeber zu melden;

c) die Verpflichtung, dem Auftraggeber im Rahmen seiner Informationspflicht gegenüber dem Betroffenen zu unterstützen und ihm in diesem Zusammenhang sämtliche relevante Informationen unverzüglich zur Verfügung zu stellen;

d) die Unterstützung des Auftraggebers für dessen Datenschutz-Folgenabschätzung;

e) die Unterstützung des Auftraggebers im Rahmen vorheriger Konsultationen mit der Aufsichtsbehörde.

### X. Weisungsbefugnis des Auftraggebers

1. Mündliche Weisungen bestätigt der Auftraggeber unverzüglich (mind. Textform).

2. Der Auftragnehmer hat den Auftraggeber unverzüglich zu informieren, wenn er der Meinung ist, eine Weisung verstoße gegen Datenschutzvorschriften. Der Auftragnehmer ist berechtigt, die Durchführung der entsprechenden Weisung solange auszusetzen, bis sie durch den Auftraggeber bestätigt oder geändert wird.

### XI. Löschung und Rückgabe von personenbezogenen Daten

1. Kopien oder Duplikate der Daten werden ohne Wissen des Auftraggebers nicht erstellt. Hiervon ausgenommen sind Sicherheitskopien, soweit sie zur Gewährleistung einer ordnungsgemäßen Datenverarbeitung erforderlich sind, sowie Daten, die im Hinblick auf die Einhaltung gesetzlicher Aufbewahrungspflichten erforderlich sind.

2. Nach Abschluss der vertraglich vereinbarten Arbeiten oder früher nach Aufforderung durch den Auftraggeber – spätestens mit Beendigung der Leistungsvereinbarung – hat der Auftragnehmer sämtliche in seinen Besitz gelangten Unterlagen, erstellte Verarbeitungs- und Nutzungsergebnisse sowie Datenbestände, die im Zusammenhang mit dem Auftragsverhältnis stehen, dem Auftraggeber auszuhändigen oder nach vorheriger Zustimmung datenschutzgerecht zu vernichten. Gleiches gilt für Test- und Ausschussmaterial. Das Protokoll der Löschung ist auf Anforderung vorzulegen.

3. Dokumentationen, die dem Nachweis der auftrags- und ordnungsgemäßen Datenverarbeitung dienen, sind durch den Auftragnehmer entsprechend der jeweiligen Aufbewahrungsfristen über das Vertragsende hinaus aufzubewahren. Er kann sie zu seiner Entlastung bei Vertragsende dem Auftraggeber übergeben.

Berlin 29.07.2020
_______________________________
Ort, Datum

_______________________________
Harald Schnetgöcke
General Area Manager
Hermes Germany GmbH
(Auftragnehmer)

Friedewald      03.08.20
_______________________________
Ort, Datum

_______________________________
Thomas Wirth
Area Manager Kassel
Hermes Germany GmbH
(Auftragnehmer)

Gebesee, 26.08.20
_______________________________
Ort, Datum

_______________________________
Stefan Sommer
Vertragspartner
(Auftraggeber)

**Anlage**

**Checkliste" zur Vereinbarung zum Datenschutz bei Auftragsverarbeitung**

Der Auftragnehmer gewährleistet im Bereich der auftragsgemäßen Verarbeitung von personenbezogenen Daten die gesetzlich geforderten Sicherheitsmaßnahmen und wird sie auf Verlangen des Auftraggebers nachweisen.

Folgende besonderen technischen und organisatorischen Maßnahmen werden bei der Verarbeitung eingehalten:

## 1. Vertraulichkeit

a) **Zutrittskontrolle** (beispielsweise für Gebäude und Räume; an Schränke und Schächte) Mindestmaßnahmen, mit denen Unbefugten der Zutritt zu Datenverarbeitungsanlagen, mit denen personenbezogene Daten verarbeitet oder genutzt werden, verwehrt wird.

- Sichere Schließanlage
- Zutrittskontrollsystem
- Überwachungseinrichtung, evtl. Einrichtung von Sicherheitszonen

b) **Zugangskontrolle** (keine unbefugte Systembenutzung, beispielsweise unerlaubtes Hochfahren oder unbefugte Anmeldung in Systemen) Mindestmaßnahmen mit denen die Nutzung von Datenverarbeitungssystemen durch Unbefugte verhindert werden:

- Passwortmechanismus (sicheres Passwort und regelmäßiger Passwortwechsel)
- Automatisches Sperren, Abmelden bei längerem Nicht-Gebrauch
- Firewall
- Virenschutz

c) **Zugriffskontrolle** (Anwendungen ausführen, unerlaubte Tätigkeiten in DV-Systemen und Zugriffe auf Daten, Applikationen und Schnittstellen verhindern) Mindestmaßnahmen, die gewährleisten, dass die zur Benutzung eines Datenverarbeitungssystems Berechtigten ausschließlich auf die ihrer Zugangsberechtigung unterliegenden Daten zugreifen können, und dass personenbezogene Daten bei der Verarbeitung, Nutzung und nach der Speicherung nicht unbefugt. gelesen, kopiert, verändert oder entfernt werden können.:

- Differenzierte Berechtigungen für die DV-Systeme (Profile, Rollen)
- Regelmäßige Updates
- Implementierte und wirksame Löschkonzepte
- Verwendung geeigneter Pseudonymisierungsverfahren

d) **Trennungskontrolle**
Mindestmaßnahmen, die gewährleisten, dass personenbezogene Daten, die zu unterschiedlichen Zwecken und für verschiedene Auftraggeber erhobene Daten wurden, getrennt verarbeitet werden.

- Logische Speicherung der Kundendaten nach Mandant
- Test und Produktionsdaten müssen in getrennten Systemen verarbeitet werden

## 2. Integrität

a) **Weitergabekontrolle**
Mindestmaßnahmen, die gewährleisten, dass personenbezogene Daten bei der elektronischen Übertragung oder während ihres Transports oder ihrer Speicherung auf Datenträger nicht unbefugt gelesen, kopiert, verändert oder entfernt werden können:

- Verschlüsselte Übertragung und Speicherung nach Stand der Technik

- Monitoring und Log-Management

b) **Eingabekontrolle** (Nachvollziehbarkeit, Dokumentation)
Mindestmaßnahmen, die gewährleisten, dass nachträglich überprüft werden kann, ob und von wem personenbezogene Daten in Datenverarbeitungssystemen eingegeben, verändert oder entfernt werden können:

- Monitoring und Log-Management
- Berechtigungsregelungen

## 3. Verfügbarkeit

a) **Verfügbarkeitskontrolle**
Mindestmaßnahmen, die gewährleisten, dass personenbezogene Daten gegen zufällige Zerstörung oder Verlust, gegen technische Störungen durch das Versagen der Betriebs-/Anwendungssoftware, vor fahrlässigen/vorsätzlichen Handlungen, vor schadenstiftender Software geschützt sind:

- regelmäßige Sicherungskopien
- Schutzsoftware vor Schadprogrammen
- logische Trennung

## 4. Belastbarkeit

Mindestmaßnahmen, die sicherstellen, dass im Falle eines Ausfalls der DV-Systeme diese rasch wiederhergestellt werden können.

- Notfallplan zur Wiederherstellung der personenbezogenen Daten verarbeiteten IT-Systeme


_Berlin          29.07.2020_
Ort, Datum

Harald Schnetgöcke
General Area Manager
Hermes Germany GmbH
(Auftragnehmer)


_Friedewald_          03.08.20
Ort, Datum


Thomas Wirth
Area Manager Kassel
Hermes Germany GmbH
(Auftragnehmer)